INVIERTA Y HÁGASE RICO EN LA BOLSA

El método más efectivo para aprender a invertir en la Bolsa de Valores de los Estados Unidos desde cualquier país

Eugenio Duarte

Invierta y hágase rico en la Bolsa

El método más efectivo para aprender a invertir en la Bolsa de Valores de los Estados Unidos desde cualquier país

Derechos reservados 2010, 7 LAYERS SRL
Número de ISBN: 978-9945-8755-0-8
Para comentarios sobre la edición y contenido de este libro, escriba a:
info@inviertayhagasericoenlabolsa.com

Contenido

PREFACIO

Citando al famoso filósofo griego Platón: "La necesidad es la madre de todos los inventos", el libro *Invierta y hágase rico en la Bolsa* nació por la propia necesidad que tenía de aprender cómo las personas invertían en la Bolsa y se hacían ricas. Quería aprender todo sobre las Bolsas de Valores, su historia, por qué surgieron, su función en la economía, por qué los empresarios hacen públicas sus compañías para que coticen en la Bolsa. Me preguntaba cómo la Bolsa podía servir de mecanismo para la creación de tanta riqueza que beneficiaba a millones de personas y yo no era partícipe en ese momento de tal bonanza. Quería aprender en detalle en qué invierten los inversores profesionales, cuáles opciones de inversión existían, cómo los inversores profesionales tomaban sus decisiones de inversión para multiplicar el dinero. Quería saber cómo se invertía en Bolsa, a través de quién, cuánto costaba, en fin, quería saber cómo podía yo desde mi país invertir en la Bolsa como lo hacen los grandes inversores de todo el mundo.

Esa era mi gran necesidad y debía de satisfacerla. Me di cuenta buscando en las diferentes librerías y en Internet de que podemos encontrar una gran cantidad de libros, blogs, videocursos y un sinnúmero de recursos sobre cómo invertir en la Bolsa de Valores, pero aproximadamente el 95 por ciento asume que uno tiene dominio de ciertos términos y conocimientos del tema. Esos conceptos asumidos por las diferentes opciones que encontraba para aprender eran en realidad **aquellos que me hacían falta a mí** y esto frenaba mi aprendizaje. Cada vez que tenía un material nuevo en mis manos, lo estudiaba y al final me quedaba con muchas incógnitas que no me permitían alcanzar el conocimiento necesario para entrar en el mundo de las inversiones en la Bolsa.

A pesar de todo, mi deseo era tan fuerte por aprender que esta búsqueda se convirtió en una obsesión, hasta tal punto que compré todos los libros, cursos, seminarios y demás recursos que puedan existir sobre el tema. Tomé todo ese conocimiento, lo organicé, hice todas las investigaciones necesarias hasta que logré armar ese rompecabezas que existía en mi mente. **Eureka,** por fin logré adquirir y asimilar todo lo que necesitaba para poder abrir una cuenta en un corredor de Bolsa a través de Internet, transferir el dinero desde mi cuenta de ahorro en mi banco de mi país hacia mi cuenta de inversión en el corredor de Bolsa en los Estados Unidos. Luego, comencé a invertir en las acciones de las empresas que me interesaban. A partir de ese momento, el cielo dejó ser gris para convertirse en azul brillante; y todo lo que parecía difícil, casi imposible, ahora era algo fácil y sencillo. Como resultado de esta experiencia empecé a escribir este libro para que millones de personas de todo el mundo puedan tener acceso a las ventajas y beneficios que producen las inversiones en la Bolsa de Valores de los Estados Unidos.

Este libro está pensado para comenzar el aprendizaje partiendo desde **cero**, asumiendo que el lector **tiene todo el interés** del mundo en aprender sobre el tema, pero al mismo tiempo **no sabe nada** sobre cómo invertir en la Bolsa de Valores de los Estados Unidos. También les servirá de apoyo a aquellas personas que tienen ciertos conocimientos sobre inversiones y desean profundizar más sobre el tema. Los guiará paso a paso de forma coherente a través del mundo de las inversiones en la Bolsa, les ahorrará cientos de horas de estudio, investigaciones y dinero que tendrían que gastar en cursos, seminarios y talleres si quisieran aprender todos los conocimientos y experiencias que están plasmados aquí. Lo más importante de todo es que podrá saber cómo **invertir**. La mayoría de los recursos que encontrará no le enseñarán a invertir, sino a especular. Un detalle significativo es la diferencia marcada que existe entre invertir y especular.

Mientras redactaba cada uno de los capítulos de este libro me iba diciendo a mí mismo "si yo hubiera encontrado un texto como este cuando me surgió la necesidad de aprender a invertir en la Bolsa de Estados Unidos, me habría ahorrado mucho tiempo, dinero y esfuerzo". Este libro fue pensando, escrito y diseñado para todas aquellas personas, sin importar edad, sexo, religión o nacionalidad, que quieran aprender cómo invertir y hacerse ricas en la Bolsa de Valores de los Estados Unidos desde cualquier país.

Invierta y hágase rico en la Bolsa está dividido en cuatro partes para lograr una mayor comprensión de cada uno de los temas.

La primera parte se denomina *Entendiendo el sistema,* aquí el lector podrá conocer cómo funcionan las Bolsas de Valores y para qué sirven, cuál es su función dentro de la economía de un país capitalista, cómo sirven de plataforma para la creación de riquezas.

La segunda parte se denomina *En qué invertir,* en ella aprenderá todo lo relacionando con los principales vehículos de inversión disponibles en la Bolsa: acciones, bonos y fondos mutuos. Descubrirá cuáles son las ventajas y las desventajas de cada uno de ellos, por qué y cuándo debemos utilizar una forma de inversión en vez de otra.

La tercera parte es *Aprendiendo a invertir,* verá todo lo vinculado con las dos principales escuelas de pensamiento sobre inversiones en Bolsa: el análisis fundamental y el análisis técnico. Además, repasará los conceptos más importantes que todos los grandes inversores a través de la historia han aplicado sabiamente en sus inversiones en la Bolsa para convertirse en personas inmensamente ricas.

Descubrirá en el capítulo *Conceptos de inversiones: la piedra angular del inversor inteligente,* en la parte número tres, cuáles son los principios de inversión empleados por los grandes inversores. Encontrará las llaves que les han permitido ganar inmensas cantidades de dinero en la Bolsa. Ese apartado es de suma importancia, ahí se hallan los secretos de cómo uno puede invertir y hacerse rico en la Bolsa. Para conocimiento del lector, he aplicado lo descrito allí en todas mis inversiones, tanto en la Bolsa de Valores, como en bienes raíces y en el mundo de los negocios. Los resultados han sido realmente asombrosos. Aprenderá cómo utilizar y poner en práctica todo ese conocimiento para su propio beneficio.

La cuarta parte es *Cómo invertir*, en ella leerá de manera sencilla qué es un corredor de Bolsa, los tipos de corredores de Bolsa existentes, cómo elegir un corredor de Bolsa. Además, tendrá acceso a una lista detallada de más de 40 corredores con toda la información necesaria para poder elegir el mejor corredor de Bolsa, acorde a sus necesidades. Sabrá cómo abrir una cuenta paso a paso en un corredor de Bolsa (de hecho, el corredor de Bolsa que figura en el ejemplo es el que utilizo actualmente para mis inversiones), aprenderá cómo utilizar las herramientas que le permitirán invertir en la Bolsa con dinero imaginario antes de comenzar a invertir con dinero real: con este tipo de mecanismos tecnológicos, podrá evitar los costosos errores que surgen cuando nos adentramos por primera vez en cualquier actividad. Esto significa que el lector tendrá cero riesgo en el proceso de aprendizaje.

En fin, el libro que actualmente tiene en sus manos le servirá como punto de partida para abrirse una carrera como inversor profesional en la Bolsa para el bien suyo y el de su familia. También podrá crear nuevas fuentes de ingresos a partir de las ganancias generadas por sus inversiones en la Bolsa desde la comodidad de su casa, utilizando una conexión a Internet. Asimismo, puede emplear este texto como una herramienta para educar a sus hijos en los asuntos relacionados con el dinero y las inversiones.

En un mundo tan cambiante como el nuestro, hoy, el futuro le sonríe sólo aquellos que tienen los conocimientos y las habilidades necesarias para el manejo del dinero y de las inversiones. La vieja fórmula enseñada por nuestros padres: "Estudia, trabaja mucho y ahorra para el retiro", ya **no funciona**. Millones de personas en todo el mundo tienen que trabajar hasta el último día de sus vidas, simplemente porque si dejan el empleo no pueden mantener el mismo nivel de vida que disfrutan en la actualidad.

La carencia de educación financiera es la causa principal por la que mucha gente vive en la pobreza y lleva un estilo de vida limitado, lleno de exceso de trabajo, esfuerzo y sacrificio, pero poco dinero y tiempo para disfrutar todo lo bueno que el mundo tiene a disposición para nosotros.

Para mí, sería un honor que la lectura de este libro pueda servirle para mejorar su vida. Con toda la humildad, espero que lo disfrute.

Atentamente,

EUGENIO DUARTE
Santo Domingo, República Dominicana
9 de julio de 2010

INTRODUCCIÓN:
Lo primero es lo primero

Los que deseamos acumular riquezas debemos recordar que los verdaderos líderes del mundo han sido siempre hombres que han sabido dominar, para su uso práctico, las fuerzas invisibles e intangibles de la oportunidad que está por surgir, y han convertido esas fuerzas en rascacielos, fábricas, aviones, automóviles y toda forma de recursos que hace la vida más placentera.

NAPOLEÓN HILL

Mi historia y por qué necesitas este libro

Lo que la mente del hombre puede concebir y creer es lo que la mente del hombre puede lograr

NAPOLEÓN HILL, *Piense y hágase rico.*

Nací el 22 de septiembre de 1980 en la ciudad de Santo Domingo, República Dominicana. Desde pequeño, siembre he tenido la inclinación y el interés por los temas relacionados con el dinero, principalmente por **cómo hacer dinero y cómo multiplicarlo**. Me preguntaba qué había provocado que me llamen tanto la atención las inversiones en la Bolsa de Valores. Después de mucho pensar, arribé a la conclusión de que dos habían sido los factores: en primer lugar, mi padre; y segundo, CNN (sí, el canal de noticias).

Mi padre veía las noticias financieras sobre la Bolsa de Valores en CNN **todos los días**. Él no sabía nada sobre cómo invertir en la Bolsa, pero le interesaba algo que se cotizaba en ella y afectaba diariamente nuestras vidas. Para mí era algo increíble, no era capaz de entender cómo algo que veíamos por la televisión, que ocurría en otro país, influía en el estado de humor y en el bolsillo de mi padre.

La historia comienza así: Mi padre tenía una finca de café en un pequeño pueblo de nuestro país, un lugar hermoso, lleno de árboles frutales, ríos, aves, gente buena, humilde y trabajadora. En fin, ese lugar representaba para nosotros una especie de paraíso. Todas las mañanas, mi padre me llevaba a caballo a hacer un recorrido por toda la finca para supervisar la salud de las plantas, para hablar con los empleados, con los suplidores y para hacer todo tipo de tareas propias de un empresario. Debido a esta experiencia diaria, en pocos años, siendo yo todavía un niño (13 años), prácticamente dominaba el tema del cultivo y de la comercialización del café.

Cuando terminábamos esa tarea, mi padre se sentaba en la sala de nuestra casa y encendía el televisor para enterarse de las últimas noticias sobre los precios internacionales del café que se cotizaban en la Bolsa. Así, yo era partícipe del nerviosismo que él vivía mientras veía las cotizaciones, principalmente en épocas de cosecha.

En una ocasión, recuerdo verlo deprimido porque la cosecha de ese año parecía que no iba a ser abundante, la empresa se encontraba en una situación económica delicada, casi en bancarrota y los precios del café estaban en sus niveles más bajos en la Bolsa de Valores. Mi padre me explicaba que si los precios del café se mantuviesen en esos niveles, posiblemente tendría que cerrar la empresa y vender la finca, ya que la cosecha de ese año ni siquiera iba a rendir las ganancias necesarias para cubrir los costos de operación. Era realmente una situación penosa la que atravesábamos.

Un tiempo después de aquella conversación, después del recorrido diario, mi padre encendió el televisor, sintonizó su canal favorito (CNN). De repente pegó un salto y salió corriendo de la casa de manera alegre, vociferaba eufóricamente, llamaba a mi madre para darle un beso. Cuando oí la reacción de mi padre, como todo niño curioso, fui a ver la televisión para saber que había causado que mi padre se pusiera tan alegre. Estaban anunciando que había ocurrido una helada en América del Sur, lo cual había causado la destrucción de todos los cultivos de café en Colombia y en Brasil (los dos principales productores de café en el mundo) y esto había provocado un desequilibrio entre la oferta y la demanda de café a nivel mundial. Como resultado, su precio en la Bolsa de Valores **había subido a las nubes.**

El precio del café aumentó un **350 por ciento en un solo día.** Ese año, mi padre tuvo una de las mejores cosechas de toda de su vida, la empresa se salvó, ganó mucho dinero y no uno hubo que vender la finca. Este suceso caló profundo en mi mente, aprendí que, de una manera u otra, en Bolsa de Valores se gana dinero y, a veces, mucho.

En 1998 asistí, en un importante hotel de la ciudad de Santo Domingo, a un seminario sobre cómo invertir en la Bolsa de Valores de los Estados Unidos. Era un poco joven, tenía poca experiencia en temas financieros y no estaba familiarizado con la jerga empleada por los expertos expositores, al final salí del seminario **sin saber nada.** Quizás fue mi culpa, era muy inmaduro para entender toda la terminología financiera que se requiere manejar en el mundo de la Bolsa.

Las dudas seguían en mi cabeza: ¿cómo puedo invertir en la Bolsa?, ¿debo ser norteamericano para invertir?, ¿debo tener visa?, ¿cuánto dinero se necesita para comenzar a invertir?, ¿qué es una acción?, ¿qué es un bono?, y un sinnúmero de preguntas sin repuestas.

Uno los problemas principales que afrontaba era que no conocía a ninguna persona que invirtiera en la Bolsa y, cuando buscaba información en Internet, encontraba muchos datos dispersos, con un lenguaje no apto para personas en estado de ignorancia profunda sobre el tema, como era mi caso. Revisaba diferentes blogs y páginas, me suscribí en varios foros, pero a pesar de todo mi esfuerzo, seguía con las mismas dudas.

Luego de finalizar mi carrera en la universidad (Ingeniería en Sistemas y Computación), emprendí junto con amigos y familiares algunos proyectos ligados al campo de la tecnología de la información que me permitieron ganar el dinero suficiente como para comenzar a invertir.

A partir de este momento, decidí resolver, de una vez por todas, mi problema existencial sobre cómo convertirme en un inversor de la Bolsa de Valores. Compré todos los libros de inversiones, finanzas y economía que pudiera encontrar, desde Robert Kiyosaki, Benjamin Graham, Philip Fisher, George Soros, Paul Krugman, Donald Trump, Warren Buffet y demás autores de libros importantes. Invertí alrededor de dos años y medio en aprender todo lo relacionado con las inversiones y el mundo de la Bolsa de Valores. En todo este tiempo, estudié todo sobre acciones, bonos, análisis técnico, análisis fundamental, inversiones en bienes raíces residenciales y comerciales, estrategias de inversiones, cómo abrir una cuenta en un corredor de Bolsa, transferir el dinero desde mi cuenta de ahorros de mi banco local hacia mi cuenta en el corredor de Bolsa, comprar y vender acciones (principalmente del sector tecnológico). Aprendí cómo determinar si la compra de una acción en un momento dado era una inversión inteligente, cómo analizar los gráficos del comportamiento de las acciones, cómo entender los índices bursátiles y principalmente **desarrollé la mentalidad de inversor.**

Una mentalidad de inversor permite que una persona **pueda ver el mundo con la mente y no sólo con los ojos.** Además, me di cuenta de que cuando fortalecemos ese tipo de mentalidad, las oportunidades de hacer dinero saltan a la vista de manera inmediata, en cualquier lugar. Todo esto lo aprenderá usted en este libro, ya que he realizado el trabajo de organizar todo ese conocimiento de un modo sistemático y de muy fácil comprensión. Usted no tendrá que invertir dos años y medio de su vida, ni tampoco cometerá los errores que yo cometí, ni perderá el dinero que yo perdí realizando malas inversiones durante mis etapas iniciales como inversor.

En todo este proceso de aprendizaje descubrí algo muy importante, gracias a esto he tenido éxito en todas mis inversiones: **Los principios de inversión inteligente son universales.**

Los principios de inversión inteligente empleados por las personas más ricas y prósperas de todo el planeta son los mismos, sin importar el tipo de activo ni el país en el que estemos invirtiendo. Los mismos principios que se utilizan para invertir en acciones, en bonos o en la compra de un apartamento son **esencialmente los mismos.**

En este libro aprenderá, de una manera ordenada y sistemática todos los conocimientos necesarios para iniciarse en el mundo de las inversiones de la Bolsa de Valores, para invertir con éxito en acciones, bonos o fondos mutuos, para determinar cuándo una inversión es inteligente. Conocerá el análisis fundamental como método de inversión y el análisis técnico como método de especulación. Descubrirá qué tipo de inversor es usted y cuál es la estrategia de inversión que más se adapta a su personalidad.

Al finalizar la lectura, encontrará un nuevo mundo de posibilidades económicas y financieras disponibles para usted, podrá invertir en las grandes compañías multinacionales que tanto ha oído mencionar. Desde la comodidad de su hogar, podrá crear un mejor futuro para usted y para su familia.

Siéntese tranquilo, tome un respiro y deje que le muestre este mundo nuevo de posibilidades. Y recuerde, si usted cree en lo que va a hacer, ¡adelante, hágalo! Lleve a cabo sus sueños, no haga caso de lo que los demás pueden decirle, tal vez los otros no sepan que cada fracaso lleva consigo la semilla de un éxito equivalente o mayor.

Parte I:

Entendiendo el sistema

Bolsa de Valores de Estados Unidos: Mitos y verdades

Regla número 1: nunca pierda dinero.

Regla número 2: no olvide la regla número 1.

WARREN BUFFET

¿Por qué debo de aprender a invertir en la Bolsa de Valores de Estados Unidos?

La razón principal para aprender a invertir en la Bolsa de Valores de Estados Unidos es ganar dinero y, si logramos desarrollarnos como verdaderos inversores, podemos ganar mucho dinero. Ahora bien, la clave para ser inversores exitosos y ganar mucho dinero radica en dos factores interdependientes.

El primer factor es la **educación financiera**. Si pretendemos convertirnos en inversores hasta el punto ser **ricos** debemos conocer el tema. Esta es una cuestión básica y fundamental. Si no tenemos estos conocimientos, las probabilidades de que perdamos dinero en las inversiones son cercanas al ciento por ciento. Esto es porque la actividad de inversión se convertiría en un juego de azar y dependeríamos de la suerte para no perder, además, necesitaríamos más del doble de la suerte inicial para poder ganar algo de dinero.

El segundo factor es **controlar las emociones**. Debemos desarrollar una estructura intelectual que permita tomar decisiones y evitar que las emociones la deterioren. Es necesario tomar decisiones de forma objetiva, para lograrlo, no debemos permitir que las emociones influyan, porque nublan la mente y nos conducen tomar decisiones incorrectas. En todas las actividades que los seres humanos desarrollamos, las emociones juegan un papel clave a la hora de lograr el éxito, principalmente a través del optimismo, pero en las inversiones es todo lo contrario. El optimismo nos puede conducir a tomar decisiones y acciones injustificadas por los hechos. El optimismo es el enemigo del comprador racional. Del mismo modo, el miedo nos puede conducir a **no actuar** en momentos en que los hechos nos señalan una línea de acción clara y específica. Se trata de que nosotros mismos no seamos nuestro peor enemigo.

Las decisiones de inversiones, buenas o malas, tienen su origen en la mente. Por lo tanto, tenga siempre presente que las razones del éxito o del fracaso en el campo de las inversiones no son ajenas a nosotros. La actividad de inversión requiere sentido común (dicho sea de paso, este es el menos común de todos los sentidos), que deriva de la habilidad de analizar los hechos de una manera objetiva. Por lo tanto, la educación financiera nos permite conocer y el control de las emociones nos posibilita tomar las decisiones correctas sobre la base a los conocimientos adquiridos. Ambos factores combinados, son **la clave del éxito en las inversiones.**

No existe ningún secreto ni fórmula mágica, ni estrategia automatizada que le permita ganar dinero de manera constante en las inversiones, recuerde esto siempre.

Otra razón por la que toda persona debe aprender a invertir en la Bolsa de Valores de los Estados Unidos es que si se realizan buenas inversiones, con el tiempo podemos recibir ingresos recurrentes en forma de dividendos, generados por nuestras acciones o por nuestros bonos. Así, podemos generar dinero extra, hasta que este supere nuestros gastos mensuales y podamos vivir sin tener que trabajar todos los días desde las nueve de la mañana hasta las cinco de la tarde. De este modo usted logrará llegar a la meta: **la ansiada libertad financiera.**

Libertad financiera significa que contamos con los recursos económicos suficientes para permitirnos **comprar el tiempo necesario** para llevar una vida sin ataduras a un empleo todos los días de la semana, todos los días del año. La libertad financiera no es un sueño, es algo real, pero para alcanzarla se requiere acción, educación, trabajo y esfuerzo, no llega sola.

La Bolsa de Valores de los Estados Unidos es un excelente medio para invertir y comenzar nuestro camino hacia la libertad financiera, ya que está al alcance de cualquier persona del mundo que disponga de los conocimientos necesarios sobre inversiones, de la actitud suficiente (control de las emociones), del deseo de ganar dinero y de una computadora con conexión a Internet de banda ancha.

¿Cuáles son los beneficios de aprender a invertir en la Bolsa de Valores de los Estados Unidos?

Los beneficios que ofrece la Bolsa de Valores de Estados Unidos son múltiples y variados: diversificación de las inversiones, altas rentabilidades, diversidad de compañías en las que invertir, variedad de productos financieros, protección de nuestro capital contra las devaluaciones.

La diversificación consiste en seleccionar grandes cantidades de activos financieros pertenecientes a diferentes compañías en sectores económicos diferentes. El objetivo es disminuir los riesgos, así cuando se produzcan pérdidas en algunas inversiones, puedan compensarse con las ganancias de otras. Por ejemplo, en la Bolsa podemos invertir al mismo tiempo en la compra de acciones de empresas como Microsoft, McDonald's, Alcoa y Home Depot. Todas estas operan en sectores totalmente distintos. Microsoft, en el sector tecnológico; McDonald's, de comida rápida; Alcoa, en el industrial; Home Depot, en el minorista. Lo que se intenta es no poner todos los huevos en una misma canasta. A través de la Bolsa, los inversores tienen la posibilidad de diversificar su cartera de inversión entre muchas compañías de diferentes industrias y sectores.

Las compañías de primera categoría son aquellas de gran tamaño con una gran trayectoria en los mercados y buena reputación. Las acciones de estas empresas no tienden a ser muy volátiles, lo que quiere decir que los precios de estas acciones no presentan oscilaciones salvajes. Su desventaja radica en que no es común comprarlas a precios de oportunidad, ya que siempre se cotizan a precios elevados, por lo tanto, no ofrecen, en la mayoría de las ocasiones, buenos retornos de la inversión. Estas empresas son conocidas en la jerga de Wall Street con el nombre de Blue Chip, podemos mencionar: IBM, McDonald's, Coca Cola, 3M, Alcoa, entre otras.

Las compañías de alto crecimiento son pequeñas, sin mucha trayectoria en los mercados, regularmente venden productos o servicios que prometen ser revolucionarios, pero en realidad no han sido probados en los mercados. La ventaja que ofrecen estas acciones es que si las compramos en su etapa inicial y la empresa logra posicionar bien sus productos o servicios, nuestras ganancias pueden ser **muy jugosas**. Ejemplos de este tipo, en el pasado lejano, son: IBM, Motorla, Kodak. Estas empresas mencionadas, que en su momento estuvieron en el grupo de alto crecimiento, hoy ya se consideran empresas de primera categoría. Ejemplos más recientes son: Microsoft, Cisco, Dell, Hewlett-Packard y Google, todas ellas en sus inicios fueron empresas de alto rendimiento y sus inversores cobraron con creces los riesgos asumidos cuando invirtieron en ellas.

La diversificación también se logra invirtiendo en diferentes clases de activos financieros, como las acciones y los bonos. Tradicionalmente, los bonos se han considerado inversiones seguras, de bajo riesgo, que proporcionan un flujo de efectivo constante producto del cobro de los intereses generados. Las acciones, por otra parte, son más volátiles, más riesgosas en comparación con los bonos, pero al mismo tiempo prometen mayores rentabilidades.

La política de diversificación dependerá del tipo de inversores que seamos, de la tolerancia al riesgo, de las circunstancias personales y de nuestros objetivos particulares en la vida.

La rentabilidad obtenida a largo plazo por las inversiones en acciones en la Bolsa de Valores de los Estados Unidos ha tenido históricamente un rendimiento promedio anual de 12 por ciento. Este porcentaje está compuesto en un 4 por ciento por las ganancias por dividendos y en 8 por ciento por las ganancias producto de la apreciación de capital. El término "largo plazo" es muy subjetivo, por lo tanto, para los fines de la Bolsa de Valores, es sinónimo de 25 años o más.

A corto plazo, la Bolsa de Valores tiene sus altibajos, pero a largo plazo los inversores pacientes cosechan sus frutos. La habilidad para obtener mayor retorno que el mercado general dependerá directamente de la habilidad que desarrollemos para seleccionar las acciones de las empresas que prometen mejores rendimientos en el futuro.

La diversidad de compañías que nos brinda la Bolsa de Valores de los Estados Unidos para invertir es increíble. Podemos comprar acciones y bonos de cualquiera de las más de 10,000 empresas que cotizan sus valores. No sólo podemos comprar valores emitidos por empresas estadounidenses, también podemos invertir en compañías de diferentes partes del mundo, como Europa, China, India, Brasil, Japón, Corea y los países emergentes.

La diversidad de productos financieros que se cotizan en la Bolsa de Valores es muy amplia. En ella se negocian todos los días, además de las acciones y de los bonos, otros activos financieros: las opciones, los derivados, los futuros, las divisas, bonos, convertibles, certificados de depósitos, seguros de vida, Mortgage Back Security (MBS), Exchange Trade Fund (ETF), bonos municipales, acciones preferentes, entre otros. Wall Street es el mercado financiero más importante y grande del mundo, allí se pueden adquirir los productos financieros que satisfagan cualquier necesidad que tenga cualquier tipo de inversor. Es importante recordar la siguiente frase: "Nunca invierta en un vehículo de inversión que no entienda". Por lo tanto, antes de invertir en otros activos financieros más complejos, debemos hacer las investigaciones sobre las ventajas, desventajas y nivel de riesgos que nos ofrecen.

La inversión en la Bolsa de Valores de Estados Unidos nos protege contra un fenómeno económico llamado **devaluación**. Es decir, de la pérdida de valor de una moneda con respecto al

de una moneda extranjera. Este fenómeno trae como consecuencia el encarecimiento de los artículos en la economía y nos
hace más pobres. Al invertir parte de nuestro capital en la Bolsa
de Valores, estaremos protegiéndonos contra posibles devaluaciones de la moneda en nuestros países.

¿Puedo invertir en la Bolsa de Valores de los Estados Unidos desde mi país?

Sí, y lo mejor es que sólo necesitamos una computadora co-
nectada a Internet de banda ancha.

La masificación del Internet ha permitido la expansión de
la Bolsa de Valores de los Estados Unidos. A través de Internet, cualquier persona de cualquier país del mundo puede comenzar a invertir su dinero en la Bolsa de Valores a través de
empresas intermediarias llamadas **corredores de Bolsa** (*stock
brokers*). Los corredores de Bolsa son el enlace entre el inversor y la Bolsa de Valores. Su función principal es canalizar las
órdenes ejecutadas de compra y venta de activos financieros por
los inversores a través de los sistemas computacionales de Internet. Ellos cobran una comisión por cada transacción que el
inversor realice.

Existen dos tipos de corredores de Bolsa: servicios completos y descuento. Los **corredores de Bolsa servicios completos**
cobran altas comisiones por transacción, generalmente 100.00
dólares o más. Ellos brindan una serie servicios personaliza-
dos a los inversores: la planificación de portafolio de inversión,

asesoría financiera, asesoría en materia de impuestos, manejo de la cartera de inversiones y un sinnúmero de servicios que le hacen la vida más fácil a aquellos inversores que no tiene el tiempo ni las ganas de estar pendientes del manejo de su patrimonio.

Por otro lado, están los **corredores de Bolsa descuento**. Estos sólo se especializan en ofrecerles a los inversores los servicios de ejecución de las órdenes a cambio de una comisión más económica. Son muy populares en Internet. Podemos abrir una cuenta en un corredor de Bolsa descuento con depósito inicial de **cero dólares** y luego transferirnos el dinero que vamos a invertir en el momento que consideremos oportuno.

También, por medio de los corredores de Bolsa descuento, podemos comenzar a invertir sin un solo centavo en la Bolsa de Valores de Estados Unidos a través del uso de **dinero imaginario o paper money**. De esta forma, podemos empezar a practicar con **riesgo cero**. Esto lo aprenderemos en el capítulo *Operando: Invirtiendo en la Bolsa*.

¿Debo ser millonario para invertir en la Bolsa de Valores de los Estados Unidos?

No es necesario que seamos millonarios para comenzar a invertir en la Bolsa de Valores de los Estados Unidos. Cualquier persona que tenga un mínimo de capital (entre 500.00 dólares y 2,500.00 dólares) puede, a través de Internet, abrir una cuenta utilizando un corredor de Bolsa descuento. Si cuando termina de leer el libro no tiene el dinero o no se siente todavía con la confianza suficiente para invertir dinero real, puede tomar la decisión de comenzar con dinero imaginario (*paper money*), hasta que logre sentirse cómodo con su estrategia de inversión. Luego empezará a invertir dinero real.

De hecho, en 1941 el inversor más famoso de todos los tiempos, Warren Buffet, a los 11 años, compró sus primeras seis acciones en la Bolsa, emitidas por la compañía Cities Services —tres eran para él y las otras tres eran para su hermana Doris—. En ese momento, se cotizaba a 38.00 dólares cada acción. Luego, su precio descendió a 27.00 dólares y Warren las vendió, así que perdió dinero. A los pocos días, se cotizaban a 200 dólares. Esa experiencia le enseñó que el éxito en las inversiones radica en la paciencia, de ahí deriva la importancia de invertir a largo plazo. Hoy, Warren Buffet es tercer hombre más rico del mundo, con una fortuna aproximada de 3.8 billones de dólares, sólo detrás del mexicano Carlos Slim y del estadounidense Bill Gates, fundador de la compañía Microsoft Corporation.

¿Debo ser un experto en economía y finanzas para comenzar a invertir en la Bolsa de Valores de los Estados Unidos?

No es necesario que seamos ni economistas, ni expertos en finanzas, ni graduados de las más prestigiosas universidades a nivel mundial. Cualquier persona, con un nivel de inteligencia promedio, más la capacidad y el deseo de aprender los fundamentos de las inversiones, puede invertir en Bolsa de Valores de los Estados Unidos. Lo que necesitamos son los conocimientos esenciales de los activos financieros en los que pretendemos invertir (acciones, bonos, fondos mutuos, contratos a futuros, contrato de opciones), desarrollar una estructura intelectual que permita tomar decisiones y adquirir la capacidad de evitar que las emociones deterioren esa infraestructura.

Los activos financieros más populares son las acciones y los bonos. Existen otros más complejos y cuya naturaleza es más difícil de entender. Lo importante es capacitarnos en el tipo de activo financiero que queremos invertir. Para los fines prácticos, aquí sólo nos enfocaremos en tres vehículos de inversión: acciones, bonos y fondos mutuos.

¿Me puedo hacer rico invirtiendo en la Bolsa de Valores de los Estados Unidos?

Sí, hay posibilidades de hacerse rico invirtiendo en la Bolsa de Valores de Estados Unidos.

Quienes invirtieron al menos 10,000.00 dólares en las acciones de la compañía Berkshire Hathaway en el año 1965, cuando Warren Buffet tomó el control, hoy son ricos, pues esas acciones tienen un valor de más de 50 millones de dólares. Desde 1965 las inversiones de Warren Buffet han producido un retorno de alrededor del 20 por ciento compuesto anual. Por lo tanto, si usted es capaz de identificar las empresas que están administradas por personas honestas y capaces, como Warren, sus inversiones le reportarán muchas ganancias en el futuro.

¿Es la Bolsa de Valores de los Estados Unidos un casino donde las personas apuestan su dinero?

No. A simple vista y para quienes no se iniciaron en el mundo de las inversiones, la Bolsa de Valores de Estados Unidos se comporta como un juego del casino.

De hecho, mucha gente no invierte en la Bolsa, sino que especula con valores, que es lo mismo que apostar. La difusión popular de la imagen de la Bolsa de Valores de los Estados Unidos como una especie de casino se debe a que diariamente, a través de los periódicos, de la televisión y demás medios de comunicación, se difunden las noticias que acontecen fuera y dentro de los mercados financieros de una manera sensacionalista. Esto da lugar a que miles de personas tomen sus decisiones de inversión basándose en informaciones poco confiables, producidas por los diferentes pronósticos de los distintos analistas financieros (que la mayoría de las veces se contradicen unos con otros) y por el flujo de noticias sobre las empresas que cotizan sus valores en la Bolsa. Todo este flujo de información provoca la fluctuación en los precios de los activos financieros que se negocian diariamente. Esta fluctuación de manera constante e impredecible es lo que proyecta la imagen de juego de casino que existe en la mente del público general.

La Bolsa de Valores:
Una mirada a Wall Street

El mundo está cambiando muy rápido. Los grandes ya no vencen a
los pequeños. Serán los rápidos los que ganen.

RUPERT MURDOCH

Introducción

*Cualquier meta, no importa lo grande que sea, pude lograrse
si la partes en suficientes pedazos pequeños.*

HENRY FORD,
empresario estadounidense fundador de Ford Company
y padre de la producción en masa de vehículos de motor.

Wall Street es un lugar físico, específicamente es el nombre de una calle en la ciudad de Nueva York, quizá sea la más famosa del mundo, pero cuando oímos hablar de Wall Street, principalmente en los noticieros, no se refieren a la calle, sino a toda la comunidad financiera de los Estados Unidos, incluyendo sus instituciones y miembros, entre los que se encuentran los bancos de inversión, las diferentes Bolsas de Valores, New York Stock Exchange (NYSE), American Stock Exchange (AMEX), National Association of Security Dealers Automated Quotation (NASDAQ) y las Bolsa regionales (la mayoría no está en ubicada Wall Street), los corredores de Bolsa, los inversores individuales e institucionales, en fin todas las instituciones y empresas del sector financiero nacional.

Hace más de 400 años, Wall Street era una simple calle sucia y descuidada, donde fue levantada una pared de madera por los inmigrantes holandeses con el fin protegerse de diferentes amenazas, como los indios y los colonos ingleses.

La primera Bolsa de Valores nació en 1460 en Europa, en la ciudad de Brujas, Bélgica. Luego se crearon más Bolsas en los demás países europeos, como Holanda e Inglaterra. En 1817 es fundada en la calle Wall Street la Bolsa de Valores de Nueva York, que después se convirtió en la principal y más importante de todo el mundo.

Con el tiempo, las Bolsas de Valores se tornaron un componente muy importante del sistema capitalista, por lo tanto, se expandieron alrededor del mundo. Hoy, prácticamente todos los países tienen en sus economías Bolsas de Valores.

Las Bolsas ofrecen las facilidades para que las empresas y los gobiernos consigan el capital necesario para llevar a cabo sus proyectos. Esto se logra a través de la emisión de activos financieros (también llamados título y valores), en forma de **emisión de patrimonio (acciones)** o **emisión de deuda (bonos)**. Estos activos financieros son, en primera instancia, adquiridos por los bancos de inversiones (mercado primario). Luego son revendidos por los bancos de inversión a los demás inversores, tanto institucionales como individuales, en un proceso de subasta. Allí, los precios de los activos financieros son establecidos por las fuerzas de **la oferta** y **la demanda** (mercado secundario). En este tipo de mercado se logra inyectarle la liquidez necesaria al sistema para que estos activos puedan ser comprados y vendidos en cualquier momento.

El comportamiento de los precios de los activos financieros que se cotizan en las Bolsas de Valores se mide a través de un instrumento conocido como índice. Los **índices** son una muestra representativa de un conjunto de valores de diferentes compañías seleccionadas sobre la base de ciertos criterios. El más famoso y más importante es el **Dow Jones**. Aunque existen otros de igual importancia, este se considera el principal indicador del comportamiento de la economía de los Estados Unidos.

Los participantes de los mercados financieros (inversores y especuladores) no siempre toman sus decisiones de inversión de manera racional, esto da origen a un fenómeno económico conocido como burbuja financiera. **Las burbujas financieras** son el resultado de una especulación rampante, donde los valores llegan a cotizarse a precios extremadamente altos, hasta el punto en que nadie los quiere comprar por miedo a no encontrar otro que esté dispuesto a pagar más. En este punto explotan las burbujas, el pánico se apodera de los mercados y se origina lo que se conoce como una **crisis financiera**.

En este capítulo haremos un recorrido por la historia de Wall Street y veremos cómo se convirtió en lo que hoy es el centro financiero más importante del mundo, analizaremos el proceso por el cual una compañía emite valores en la Bolsa, la función del mercado primario y del mercado secundario, los distintos tipos de índices bursátiles y la historia de las diferentes crisis financieras ocurridas alrededor del mundo. El objetivo es tener una visión general del mundo de los mercados financieros y de las Bolsas de Valores.

¿Qué es Wall Street?

Sólo invierte en una acción que estarías dispuesto a mantener si la Bolsa de Valores se cerrara durante diez años.
WARREN BUFFET,
el inversor más exitoso de todos los tiempos

Wall Street es el nombre de una calle en la ciudad de Nueva York, situada en el Bajo Manhattan. Allí es donde miles de personas se juntan todos los días para conducir los destinos financieros de empresas, gobiernos y países completos. Considerado el corazón histórico del distrito financiero, es el principal y permanente hogar de la Bolsa de Valores de Nueva York.

El nombre de la calle tiene su anclaje en el siglo XVII. Esta arteria constituía el límite norte de Nueva Ámsterdam. Allí, los colonos holandeses habían construido en 1609 una pared de madera y lodo. Algunos historiadores dicen que era utilizada para mantener las vacas dentro del área de control y para defenderse de posibles ataques de los indios. Otros afirman que servía como protección contra los colonizadores provenientes de Nueva Inglaterra y contra los británicos, también para que los esclavos negros no pudieran escapar. La pared fue derribada por los británicos en 1699 y el nombre de la calle sigue recordándola.

Este lugar, con el tiempo, se convirtió en un centro comercial muy importante, ya que conectaba los muelles del río Hudson y del East River. Allí, los primeros comerciantes vendían diferentes productos: tabaco, pieles, melazas; también especulaban con tierras y realizaban encargos.

En ese momento no se negociaban acciones ni bonos, tampoco existía una Bolsa de Valores propiamente dicha. De hecho, la primera de los Estados Unidos no se estableció en Wall Street, sino en el estado de Filadelfia en 1790.

En 1789, el primer Congreso de los Estados Unidos se reunió en el Federal Hall en la calle Wall Street. Allí dictaron su primera orden de negocio, en la que autorizaban la emisión de bonos del gobierno por un valor de 80 millones de dólares para cubrir los costos ocasionados por la guerra de la independencia. Dos años después, el secretario del Tesoro Alexander Hamilton, estableció el primer banco de la nación, donde se emitieron acciones al público. Estos dos hechos marcaron el principio del comercio de valores en Wall Street, aunque de una forma desorganizada.

Los hombres de negocios comenzaron a negociar con acciones y bonos de la misma forma que lo hacían con los bienes materiales, en forma de subastas en Wall Street 22. Los valores se comercializaban todos los días al medio día. Los dueños de los valores enviaban sus bonos y acciones para que fueran vendidos a cambio de una comisión.

El 21 de marzo de 1792 se reunió un grupo de 24 hombres de negocios para mejorar el mercado de subasta y hacerlo más rentable. En esta oportunidad se firmó **The Buttonwood Agreement**, en la cual se acordaba que la comercialización de valores se realizaría solamente entre los miembros del grupo, manteniendo invariables los costos por comisión. Este convenio surgió porque la comercialización de valores no estaba regulada y cualquier persona con meras ambiciones de conseguir dinero cobraba cualquier monto por comisión. Obviamente, esta práctica afectaba a los demás subastadores que querían convertir la actividad en un negocio lucrativo. Estos 24 hombres son considerados los miembros originales de la Bolsa de Valores de Nueva York.

El 8 de marzo de 1817, los miembros del acuerdo The Buttonwood se establecieron en Wall Street 40, donde constituyeron de manera oficial la **New York Stock and Exchange Board**. En 1863 pasó oficialmente a llamarse **New York Stock Exchange**, nombre que aún hoy conserva.

Así, cuando los noticieros utilizan el término Wall Street, no se están refiriendo a la famosa calle de la ciudad de Nueva York, sino al mercado financiero estadounidense y a sus instituciones, conformadas por sinnúmero de inversores individuales, institucionales, bancos de inversiones, bancos comerciales, corredores de Bolsa, analistas financieros, medios de prensa financieros especializados y todas las personas e instituciones que de alguna forma se relacionan con los mercados financieros.

Específicamente, Wall Street es un mercado donde se conglomeran vendedores, compradores y corredores con el objetivo de comercializar productos financieros, como acciones y bonos.

En este lugar, están ubicados los grandes bancos de inversión, donde los gobiernos buscan cantidades astronómicas de dinero prestado para hacer obras de infraestructura y programas sociales, donde las empresas van en búsqueda del capital necesario para expandir sus operaciones a través de un país completo o más allá de sus fronteras. En fin, la gente va a Wall Street para hacer dinero, mucho dinero.

¿Qué es una Bolsa de Valores?

Una Bolsa de Valores (*Stock Exchange*) es un lugar físico que provee las facilidades para que los corredores de Bolsa (*stock brokers*), comerciantes (*traders*) e inversores (*investors*) se reúnan a negociar activos financieros. Un **activo financiero** es un documento legal que representa una inversión o derecho económico para quien está entregando el dinero y el mecanismo de financiación para quien lo está emitiendo. Algunos sinónimos de activos financieros son instrumentos financieros, valores y títulos. Durante todo el libro utilizaremos estos sinónimos de manera indistintas para referirnos a los activos financieros. Los más populares son las acciones y los bonos. Otros son las opciones, los contratos a futuro y los derivados.

Las Bolsas de Valores son compañías privadas compuestas por un grupo de miembros, donde cada uno tiene un **puesto** (*seat*). Los puestos pueden ser comprados y vendidos por individuos particulares o compañías. Algunos miembros pueden tener más de uno debido al alto volumen de negocios que manejan diariamente. Por ejemplo, la Bolsa de Valores de Nueva

York tiene unos 1,366 puestos que están repartidos entre 500 miembros.

Básicamente, una Bolsa de Valores opera de la misma forma que un negocio convencional. Los dueños, que son sus miembros, tienen derecho a voto para elegir una **junta de directores** y esta, a su vez, escoge a un **director** que contrata empleados y establece las políticas regulatorias que gobiernan el diario vivir de la Bolsa.

A pesar de que las Bolsas de Valores son privadas, el gobierno de los Estados Unidos mantiene unas políticas regulatorias muy estrictas en cuanto a la comercialización de los activos financieros en los mercados. Son supervisadas por la **Security and Exchange Commission (SEC)**, creada bajo la Security Exchange Act en 1934.

La SEC fue establecida por el gobierno como mecanismo de control para proteger a los inversores individuales y a los institucionales de posibles fraudes y abusos que se pudieran cometer en los mercados financieros.

Los inversores individuales son personas que invierten de manera directa en la Bolsa de Valores. Los inversores institucionales son las empresas que captan fondos de miles de inversores individuales para luego invertir esos fondos en activos financieros emitidos por otras compañías. Ejemplo de inversores institucionales son los fondos de pensiones, compañías de seguro, fondos de salud, fondos mutuos, etcétera.

Las leyes y todos los reglamentos que rigen el sector de las transacciones de valores bursátiles en los Estados Unidos tienen su origen en un principio bien definido. **Todos los inver-sores, sean grandes instituciones o individuos, deberán tener acceso a cierta información clave sobre los activos financieros antes de hacer las inversiones.** Para lograr esto, la SEC exige a las empresas que negocian activos financieros poner a dispo-sición del público todos los datos necesarios, con el fin de que los inversores puedan analizar y decidir si las acciones, bonos o cualquier activo financiero negociado por una empresa es o no una buena inversión. Sólo a través de un flujo regular de información, los inversores tendrán la oportunidad de tomar las mejores decisiones.

La SEC no sólo supervisa a las empresas y a sus activos fi-nancieros que son negociados en la Bolsa diariamente, también se encarga de controlar las actuaciones de otros participantes importantes en el mundo de las Bolsas y los mercados financie-ros: Bolsas de Valores, corredores, consejeros de inversiones, fondos mutuos y consorcios controladores de empresas de ser-vicio público. Una de las tareas más importantes que realiza la SEC es la promoción y divulgación de información importante para que los inversores puedan tener acceso a ella en cualquier lugar y momento.

La SEC, a través de su página web http://www.sec.gov y de la base de datos **EDGAR** (http://www.sec.gov/edgar.shtml), pone a disposición de los inversores todos los datos que las empresas que cotizan sus activos financieros deben presentar obligatoria-mente. Toda esta información está disponible de manera gratui-ta las 24 horas a través de Internet.

En los Estados Unidos existen tres Bolsas de Valores principales. El New York Stock Exchange (NYSE), la American Stock Exchange (AMEX) y la National Association of Security Dealers Automated Quotation (NASDAQ). También existen algunas regionales, como la Chicago Board Options Exchange y la Pacific Exchange.

Para que las empresas puedan negociar activos financieros, deben estar listadas, es decir, deben registrase en la Bolsa que desean negociar, y para esto deben cumplir con ciertos requisitos establecidos por las Bolsas de Valores, que pueden variar dependiendo de cuál sea.

Por ejemplo, si una compañía quiere que sus activos financieros sean listados en el NYSE, la empresa debe tener un patrimonio neto tangible de, por lo menos, 40 millones de dólares; los beneficios antes de impuestos, por lo menos, deben ser de dos millones de dólares durante los últimos tres años.

El NASDAQ tiene requerimientos más flexibles. Las empresas deben tener un flujo de efectivo de, por lo menos, 30 millones de dólares en los dos últimos años, y valor de mercado de, por lo menos, 18 millones de dólares en sus dos últimos años de operación.

Los requisitos de listado de las diferentes Bolsas de Valores son cambiados a través del tiempo. Para obtener información más detallada sobre el NYSE, es posible ingresar a http://www.nyse.com; y para el NASDAQ, a la dirección http://www.nasdaq.com.

Las empresas que no pueden cumplir con los requerimientos exigidos por las Bolsas de Valores tienen la opción de vender sus activos financieros través de los sistemas **over-the-counter Bulletin Board (OTCBB)**. El mercado OTC está compuesto por un conjunto de **mayoristas** (*dealers*) que sirven de **creadores de mercado** (*market makers*) para los activos financieros de compañías que no califican para ser listadas en las diferentes Bolsas de Valores. El sistema OTCBB es supervisado por una organización privada llamada **Financial Intrustry Regulatory Authority** (*FINRA*). Las empresas que cotizan sus activos financieros a través del mercado OTC deben cumplir los requisitos mínimos establecidos por la SEC, exceptuando algunos, como por ejemplo: **el mínimo de capitalización de mercado y el precio mínimo de cotización.**

A su vez, las empresas que no alcanzan los requerimientos mínimos que establece la SEC negocian sus valores en el sistema llamado **Pink OTC Market** o **Pink Sheet**. Las acciones que cotizan aquí se conocen popularmente como **penny stock**, ya que su precio normalmente es muy bajo (cinco dólares o menos). Debido a que este tipo de compañías no está sujeto a las regulaciones estrictas establecidas por la SEC, los inversores institucionales evitan negociar estos activos financieros, por considerarse inseguros y de alto riesgo. Para los inversores individuales, esta observación es igualmente válida.

Historia de la Bolsa de Valores

El origen de la palabra *Bolsa* se remonta al siglo XIII en Europa, en la ciudad de Brujas, Bélgica. Allí existía una familia noble de apellido **Van Der Buerse**, su escudo de armas estaba representado por tres bolsas de piel. Esta familia tenía un edificio donde se realizaban encuentros mercantiles y reuniones de negocios, que fueron creciendo en volumen de transacciones e importancia y, con el tiempo, se hicieron populares entre la población. Así, cuando la gente se refería a este lugar le llamaban Bolsa.

A pesar de que la palabra *Bolsa* tiene sus raíces en ciudad de Brujas, la primera Bolsa fue creada en 1460 en la ciudad de Amberes, Bélgica.

La segunda Bolsa se estableció en Ámsterdam, Holanda, en los primeros años del siglo XVII, cuando la ciudad se convirtió en el centro mundial del comercio. La Bolsa de Ámsterdam es considerada por algunos historiados como la más antigua del nuevo mundo. Fue fundada por la compañía holandesa **Indias Orientales** para negociar con sus propias acciones y bonos. Luego cambió de nombre: **Ámsterdam Bourse**, y fue la primera en la que se negociaron activos financieros.

La Bolsa de Londres fue fundada en 1801 y recibió el nombre oficial de **London Stock Exchange**. Más tarde, llegó a ser la más importante a nivel mundial, superando la de Ámsterdam.

En la actualidad, existen muchas Bolsas de Valores alrededor del mundo y la más importante es la **Bolsa de Valores de New York (NYSE)**.

Principales Bolsas de Valores

La siguiente lista presenta el *ranking* de las 20 Bolsas de Valores más importantes de mundo. Las posiciones se marcaron sobre la base de dos factores principales.

El primero es el **volumen de transacciones** diarias que se registran. Las Bolsas que muestran un volumen de transacciones más elevado son más activas y con un nivel de liquidez mayor. El nivel de liquidez representa qué tan rápido podemos convertir un activo financiero en dinero en efectivo. Mientras menor sea el tiempo que tardemos en negociar un activo financiero por dinero en efectivo, mayor será el nivel de liquidez.

El segundo factor es la **capitalización del mercado,** que representa el resultado de multiplicar la cantidad de acciones emitidas por las compañías listadas en una Bolsa por el precio de sus acciones. Si sumamos la capitalización del mercado de todas las empresas listadas en una Bolsa podemos determinar el tamaño en términos de capital que representan.

Las siguientes estadísticas fueron extraídas de la **World Federation of Stock Exchange.**

País	Bolsa de Valores	Volumen de transacciones	Capitalización de mercado
Estados Unidos	New York Stock Exchange	17,521	11,838
Japón	Tokyo Stock Exchange	3,704	3,306
Estados Unidos	NASDAQ	13,608	3,239
Europa	Euronext	1,935	2,869
Reino Unido	London Stock Exchange	1,772	2,796
China	Shanghai Stock Exchange	5,056	2,705
Hong Kong	Hong Kong Stock Exchange	1,416	2,305
Canadá	Toronto Stock Exchange	1,245	1,677

España	BME Spanish Exchange	1,259	1,435
Brasil	BM&F Bovespa	645	1,337
India	Bombay Stock Exchange	264	1,307
Alemania	Deutsche Borse	1,517	1,292
Australia	Australian Securities Exchange	799	1,225
India	National Stock Exchange of India	792	1,225
Suiza	Six Swiss Exchange	740	1,065
China	Shenzhen Stock Exchange	2,772	868
Corea	Korea Exchange	1,570	835
Países Nórdicos	NASDAQ OMX Nordic Exchange	697	817
Sudáfrica	JSE Limited	271	799
Taiwán	Taiwan Stock Exchange	905	658
Italia	Borsa Italiana	948	656

DIRECTORIO DE BOLSAS DE VALORES ALREDEDOR DEL MUNDO

A continuación, un listado de las Bolsas de Valores establecidas alrededor del mundo. Está ordenado por continentes.

ÁFRICA

GhanaStock Exchange, Ghana	http://www.gse.com.gh
Johannesburg Stock Exchange, Sudáfrica	http://www.jse.co.za
The South African Futures Exchange (SAFEX), Sudáfrica	http://www.safex.co.za

ASIA

Sydney Futures Exchange, Australia	http://www.sfe.com.au
Australian Stock Exchanges, Australia	http://www.asx.com.au
Shenzhen Stock Exchange, China	http://www.szse.cn
Stock Exchange of Hong Kong, Hong Kong	http://www.sehk.com.hk
Hong Kong Futures Exchange, Hong Kong	http://www.hkfe.com
National Stock Exchange of India, India	http://www.nseindia.com
Bombay Stock Exchange, India	http://www.bseindia.com
Jakarta Stock Exchange, Indonesia	http://www.jsx.co.id
Indonesia NET Exchange, Indonesia	http://www.indoexchange.com
Nagoya Stock Exchange, Japón	http://www.iijnet..or.jp
Osaka Securities Exchange, Japón	http://www.ose.or.jp
Tokyo Grain Exchange, Japón	http://www.tge.or.jp
Tokyo International Financial Futures Exchange (TIFFE), Japón	http://www.tiffe.or.jp
Tokyo Stock Exchange, Japón	http://www.tse.or.jp
Korea Stock Exchange, Corea	http://www.kse.or.kr
Kuala Lumpur Stock Exchange, Malasia	http://www.klse.com.my
New Zealand Stock Exchange, Nueva Zelanda	http://www.nzse.co.nz
Karachi Stock Exchange, Pakistán	http://www.kse.com.pk
Lahore Stock Exchange, Pakistán	http://www.lse.brain.net.pk
Stock Exchange of Singapore (SES), Singapur	http://www.ses.com.sg
Singapore International Monetary Exchange Ltd. (SIMEX), Singapur	http://www.simex.com.sg
Colombo Stock Exchange, Sri Lanka	http://www.lanka.net/stocks
Sri Lanka Stock Closings, Sri Lanka	http://www.asia-inc.com
Taiwan Stock Exchange, Taiwán	http://www.tse.com.tw
The Stock Exchange of Thailand, Tailandia	http://www.set.or.th

EUROPA

Vienna Stock Exchange, Austria	http://www.vienna-stock-exchange.at/
EASDAQ, Bélgica	http://www.easdaq.be
Zagreb Stock Exchange, Croacia	http://www.zse.hr
Prague Stock Exchange, República Checa	http://www.vol.cz/
Copenhagen Stock Exchange, Dinamarca	http://www.xcse.dk/
Helsinki Stock Exchange, Finlandia	http://www.hse.fi/
Paris Stock Exchange, Francia	http://www.bourse-de-paris.fr/
LesEchos: 30-minute delayed prices, Francia	http://www.lesechos.fr
NouveauMarche, Francia	http://www.nouveau-marche.fr
MATIF, Francia	http://www.matif.fr/
Frankfurt Stock Exchange, Alemania	http://www.exchange.de
Athens Stock Exchange, Grecia	http://www.ase.gr/
Budapest Stock Exchange, Hungría	http://www.fornax.hu
Italian Stock Exchange, Italia	http://www.borsaitalia.it/
National Stock Exchange of Lithuania, Lituania	http://www.nse.lt/
Macedonian Stock Exchange, Macedonia	http://www.mse.org.mk/
Amsterdam Stock Exchange, Holanda	http://www.financeweb.ase.nl/
Oslo Stock Exchange, Noruega	http://www.nettvik.no/
Warsaw Stock-Exchange, Polonia	http://yogi.ippt.gov.pl/gielda/
Lisbon Stock Exchange, Portugal	http://www.bvl.pt:8181/
Bucharest Stock Exchange, Rumania	http://www.delos.ro/bse
Ljubljana Stock Exchange, Eslovenia	http://www.ljse.si/html/eng/kazalo.html
Barcelona Stock Exchange, España	http://www.borsabcn.es/
Madrid Stock Exchange, España	http://www.bolsamadrid.es
MEFF: (Spanish Financial Futures & Options Exchange), España	http://www.meff.es/
Stockholm Stock Exchange, Suecia	http://www.xsse.se
Swiss Exchange, Suiza	http://www.bourse.ch/

Istanbul Stock Exhange, Turquía	http://www.ise.org/
FTSE International (London Stock Exchange), Reino Unido	http://www.ftse.com/
London Stock Exchange: Daily Price Summary, Reino Unido	http://www.ft.com/cgi-bin/pft/ftuksdb/uks1.d2w/report
Electronic Share Information, Reino Unido	http://www.esi.co.uk/
London Metal Exchange, Reino Unido	http://www.lme.co.uk/main.htm
London InternationalFinancial Futures and Options Exchange, Reino Unido	http://www.liffe.com/liffe/home.htm

MEDIO ORIENTE

Tel Aviv Stock Exchange, Israel	http://www.tase.co.il/
Beirut Stock Exchange, Líbano	http://www.lebanon.com
Palestine Securities Exchange, Palestina	http://www.p-s-e.com/
Istanbul Stock Exhange, Turquía	http://www.ise.org/

AMÉRICA DEL NORTE

Alberta Stock Exchange, Canadá	http://www.alberta.net/
Montreal Stock Exchange, Canadá	http://www.me.org/
Toronto Stock Exchange, Canadá	http://www.tse.com/
Vancouver Stock Exchange, Canadá	http://www.vse.com/
Winnipeg Stock Exchange, Canadá	http://www.wse.ca/
Canadian Stock Market Reports, Canadá	http://canstock.com/
Canada Stockwatch, Canadá	http://www.canada-stockwatch.com/
Mexican Stock Exchange, México	http://www.bmv.com.mx
AMEX, Estados Unidos	http://www.amex.com/

New York Stock Exchange (NYSE), Estados Unidos	http://www.nyse.com/
NASDAQ, Estados Unidos	http://www.nasdaq.com/
The Arizona Stock Exchange, Estados Unidos	http://www.azx.com/
Chicago Stock Exchange, Estados Unidos	http://www.chx.com/
Chicago Board Options Exchange, Estados Unidos	http://www.cboe.com/
Chicago Board of Trade, Estados Unidos	http://www.cbot.com/
Chicago Mercantile Exchange, Estados Unidos	http://www.cme.com/
Kansas City Board of Trade, Estados Unidos	http://www.kcbt.com/
Minneapolis Grain Exchange, Estados Unidos	http://www.mgex.com/
Pacific Stock Exchange, Estados Unidos	http://www.pacificex.com/
Philadelphia Stock Exchange, Estados Unidos	http://www.phlx.com/

AMÉRICA DEL SUR

Bermuda Stock Exchange, Bermudas	http://www.bsx.com/
Rio de Janeiro Stock Exchange, Brasil	http://www.bvrj.com.br/
Sao Paulo Stock Exchange, Brasil	http://www.bovespa.com.br/
Cayman Islands Stock Exchange, Islas Caimán	www.csx.com.ky
Chile Electronic Stock Exchange, Chile	http://www.bolchile.cl
Santiago Stock Exchange, Chile	http://www.bolsantiago.cl
Bogota stock exchange, Colombia	http://www.bolsabogota.com.co/
Occidente Stock exchange, Colombia	http://cali.cetcol.net.co/~bolsaocc/index.html
Guayaquil Stock Exchange, Ecuador	http://www4.bvg.fin.ec/menu_eng.htm
Jamaica Stock Exchange, Jamaica	http://www.infochan.com/ja-mex/jam-lite/jxl-hp.htm

Nicaraguan Stock Exchange, Nicaragua	http://bolsanic.com/
Lima Stock Exchange, Perú	http://www.bvl.com.pe
Trinidad and Tobago Stock Exchange, Trinidad y Tobago	http://www.stockex.co.tt/
Caracas Stock Exchange, Venezuela	http://www.caracasstock.com/
Venezuela Electronic Stock Exchange, Venezuela	http://www.venezuelastock.com/
Dominican Republic Stock Exchange, República Dominicana	http://www.bolsard.com

El mercado primario

El mercado primario es donde las empresas emiten por primera vez sus activos financieros. Cuando una empresa, gobierno o cualquier tipo de institución decide buscar fondos a través de la Bolsa de Valores, este es el paso inicial.

Los bancos de inversión son unas de las instituciones más importantes de Wall Street. Su papel principal es captar el capital que necesitan las empresas y los gobiernos. Además, brindan los servicios de gestión y asesoría en el proceso de salir a Bolsa y en el manejo de las relaciones con las demás instituciones.

Un ejemplo de la función del mercado primario sería una empresa que, después de haber sido fundada y tener unos años realizando buenos negocios y produciendo buenas ganancias en el mercado, decide ampliar sus operaciones. La administración de la compañía determina que para lograr la expansión deseada se necesitan algunos millones de dólares, este dinero será utilizado para comprar todos los equipos, maquinarias e inmuebles.

El primer paso es contactar a un banco de inversión que, junto con los directivos de la empresa, determinará cuáles son las opciones de financiamiento más atractivas existentes en el mercado convenientes para la empresa. Entre las posibilidades está la de salir a Bolsa y convertirse en una empresa pública.

Antes de que el banco de inversión haga alguna recomendación de financiamiento a la empresa, este debe evaluar algunos factores, entre ellos las condiciones económicas del país en general, las circunstancias particulares de la compañía, las condiciones financieras, el historial de ganancias y también censar cómo está el ambiente en Wall Street.

Si el banco de inversión determina que la empresa tiene las condiciones para salir a Bolsa, puede hacerlo de dos maneras. La primera es emitiendo **acciones**; y la segunda, emitiendo **bonos**.

La elección de tipo de emisión de instrumento de inversión va a depender de muchas variables de cada empresa.

En el caso que la empresa decida emitir acciones, el banco de inversión firma un convenio llamado **underwrite** con la empresa. Este acuerdo establece que el banco de inversión comprará a un precio preestablecido todas las acciones que la compañía emita, con el fin de revenderlas en el mercado secundario. Este es el único momento en que el precio de las acciones no fluctúa.

Las ganancias del banco de inversión provienen de la diferencia entre el precio al que compran y al que venden las acciones al público en el mercado secundario. Esta diferencia se llama **spread**. Si el volumen de las acciones por emitir por la empresa es mayor de lo que soporta el banco de inversión, estos normalmente invitan a otros a participar del negocio. Esta alianza de los bancos de inversión se conoce como **sindicato** (*syndicate*).

Al momento de comenzar las ventas de las acciones, el sindicato también invita a los mayoristas (*dealers*). Antes de que las acciones pueden ser emitidas en el mercado secundario, las empresas deben adherirse a los requerimientos establecidos por la **Security and Exchange Commission (SEC)**.

Cuando la empresa termina las negociaciones con el banco de inversión y cumple con los requerimientos que estable la SEC, las acciones pueden ser vendidas en el mercado secundario, donde los precios fluctúan de acuerdo con las fuerzas que ejercen la **oferta** y **la demanda**.

Cuando una empresa emite por primera vez sus acciones en la Bolsa de Valores se conoce como una **oferta pública inicial** (*initial public offering*) o **IPO**.

El mercado secundario

Después de que los activos financieros son emitidos y adquiridos directamente por los bancos de inversiones en el mercado primario, son revendidos a otros inversores en el mercado secundario.

El objetivo del mercado secundario es darle liquidez al sistema de capitales, que se logra cuando inversores y especuladores se juntan diariamente en la Bolsa de Valores, donde activos financieros pasan de mano en mano todos los días. Mientras mayor sea el conglomerado de inversores y especuladores, mayor será la liquidez.

La Bolsa de Valores de Nueva York, la American Stock Exchange y el NASDAQ son ejemplos de los mercados secundarios más líquidos que existen.

La mayoría de las Bolsas de Valores operan como un mercado de **subastas** (*auction markets*). Allí los activos financieros se venden a los compradores que ofrezcan el precio más alto y se compran a los vendedores con la oferta más baja. El corazón de la Bolsa de Valores lo conforman los **creadores de mercados** (*market makers*).

Los creadores de mercados son llamados formalmente **especialistas** (*specialist*). Compran y venden acciones para ellos y para otros. Ellos compaginan las órdenes provenientes de los compradores y de los vendedores. Su función es comprar las acciones de los vendedores y vender las acciones a los compradores. Realizan la actividad de mayoristas (*dealers*) cuando compran o venden acciones de su mismo inventario. Actúan como **corredores de Bolsa** cuando juntan las órdenes de compradores y de vendedores. Están obligados a mantener un inventario de dos mil acciones por cada compañía de la que ellos actúen como creadores de mercado.

Veamos el siguiente ejemplo. Si un especialista recibe una orden de compra de mil acciones de la compañía A y en el mercado no hay un vendedor que esté ofreciendo esa cantidad de acciones de dicha empresa, el especialista debe satisfacer la orden de compra vendiéndole acciones de su propio inventario.

En caso de que el especialista reciba una orden de venta de mil acciones de la compañía A y en el mercado no exista algún comprador, entonces el especialista debe satisfacer el requerimiento comprando las mil acciones con dinero de su propia cuenta. De esta forma los creadores de mercado le dan liquidez a la Bolsa de Valores. La liquidez es una de las ventajas principales de la inversión en activos financieros.

Las órdenes de compra y venta de activos financieros que reciben los especialistas se originan a través de los **corredores de Bolsa** (*stock brokers*). Los inversores individuales e institucionales colocan sus órdenes a través de los corredores y estos las envían a las Bolsas de Valores o a diferentes mayoristas en el mercado **over-the-counter (OTC)**.

Por ejemplo, si una acción cotiza en la Bolsa de Valores de Nueva York, la orden es enviada a un representante que tiene la empresa de corredores dentro de esa Bolsa. Este envía la orden al especialista encargado del manejo de dichas acciones. Los corredores de Bolsa cobran una **comisión** por cada transacción de compra o venta que realice un inversor.

Los corredores de Bolsa son los representantes del inversor frente al especialista. Si el inversor coloca una orden de compra al corredor de Bolsa, el deber del corredor es comprar la acción al menor precio del mercado. En caso de una orden de venta, el corredor debe vender al mejor precio que se esté ofertando en el mercado por dicha acción.

Los principales índices bursátiles

Los índices bursátiles son herramientas estadísticas que reflejan la evolución en el tiempo de los precios de los activos financieros cotizados en la Bolsa de Valores. Las compañías que componen un índice son seleccionadas de acuerdo con ciertos criterios, como el volumen negociado, sus activos financieros y la capitalización de mercado. Debido a que existen diferentes clases de activos financieros, se pueden calcular diferentes tipos de índices, los más conocidos son los de las acciones.

El índice más popular y más utilizando de todos es el Dow Jones Industrial Average (*DJIA*), el índice **Standard and Poor 500 (*S&P 500*)** y índice **NASDAQ Composite**.

DOW JONES INDUSTRIAL AVERAGE (*DJIA*)

Es el primer índice que se elaboró para medir el comportamiento de las acciones en el mercado de valores. Es el más famoso. En su origen estaba compuesto por las 12 empresas listadas a continuación:

- American Cotton Oil
- American Sugar
- American Tobacco
- Chicago Gas
- Distilling & Cattle Feeding
- General Electric
- Laclede Gas

- National Lead
- North American
- Tenessee Coal & Iron
- U.S. Leather Preferred
- U.S. Rubber

En la actualidad, el Dow Jones representa las acciones de las 30 empresas más importantes de los Estados Unidos. Es calculado por la compañía **Dow Jones Company**, esta empresa fue fundada por **Charles H. Dow**, creador del índice. El cálculo no es un promedio de todas las acciones que componen el índice, sino la suma de un conjunto de variables dividida por un divisor equivalente a 0.1250, lo que representa que por cada dólar de variación en el precio de las acciones, el movimiento en promedio que puede experimentar el índice es de 8 puntos.

Desde 1915 hasta cerca del 1925, el DJIA fluctuó para colocarse en la marca de los cien puntos. Al final de la década de 1920, debido al crecimiento de la economía de los Estados Unidos, fluctuó sobre los 300 puntos, alcanzó el punto más alto el 3 de septiembre de 1929, cuando llegó a los 386.10 puntos. Después de ocurrir el desplome bursátil de 1929, época que se conoce con el nombre de la **Gran Depresión**, debido a la profunda y prolongada crisis económica, el DJIA se colocó en 40 puntos, lo que significa que todas las acciones que componían el índice en ese momento perdieron, en promedio, un 89 por ciento de su valor.

El DJIA no superó el rango de los 100 y los 200 puntos durante fines del '30 y toda la década del '40. Después durante la posguerra de 1945, surgió un mercado alcista y el DJIA se colocó en la marca de los 700 puntos. El ascenso continuó hasta el año 1966, cuando se colocó en los 1,000 puntos por primera vez en su historia.

Entre 1962 y 1982 la Bolsa de Valores tuvo un comportamiento salvaje, en el sentido de que los precios, principalmente el de las acciones, fluctuaban constantemente en unos rangos muchas veces intimidantes, como ocurrió entre 1972 y 1974. En ese momento, en sólo dos meses, el DJIA perdió cerca del 45 por ciento, declinando desde los 1,067 puntos hasta los 570.

El desplome de la Bolsa de Valores nuevamente ocurrió en el período comprendido entre diciembre de 1973 y enero de 1974, causado por varios factores políticos y económicos ocurridos de manera casi secuencial en la época. Estos sucesos fueron el colapso del sistema **Bretton Wood**, el escándalo político del presidente Richard Nixon, la devaluación del dólar con el acuerdo **Smithsonian Agreement**, seguido después por la escalada alcista de los precios del crudo de petróleo en los mercados internacionales. Todos estos hechos y factores ocasionaron un pánico entre los inversores, lo que derivó en un descenso de los precios de las acciones sólo comparable históricamente con el ocurrido en el 1929 por la Gran Depresión.

En 1982 en DJIA comenzó su escalada alcista de nuevo hasta llegar a los 2,747 puntos. Su ascenso se vio interrumpido en 1987 con un nuevo desplome de la Bolsa. En ese momento, el desplome fue fuerte, pero el clima de negocios y el ambiente en Wall Street eran diferentes en comparación con otras depresiones económicas, lo que permitió la rápida recuperación de los mercados financieros. El DJIA se colocó, en promedio, sobre los

12,000 puntos hasta el año 2000. En el período comprendido entre el 2000 y el 2007, el DJIA tuvo un incremento que llegó a su punto más alto: los 14,280 puntos el día 11 de octubre de 2007.

Al momento de escribir esta obra, el DJIA se encontraba en los **9,770.87 puntos,** como muestra la figura a continuación.

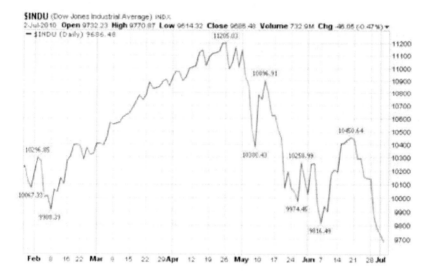

El siguiente listado muestra todas las compañías que componen, en la actualidad, el índice Dow Jones Industrial Average (DJIA).

Compañía	Símbolo	Industria
3M	MMM	Conglomerado
Alcoa	AA	Aluminio
American Express	AXP	Finanza
AT&T	T	Telecomunicaciones
Bank of America	BAC	Banca

Boeing	BA	Aviación y defensa
Caterpillar	CAT	Construcción
Chevron Corporation	CVX	Petróleo

Cisco Systems	CSCO	Tecnología
Coca Cola	KO	Bebidas
DuPont	DD	Industria química
ExxonMobil	XOM	Petróleo
General Electric	GE	Conglomerado
Hewlett-Packard	HP	Tecnología
The Home Depot	HD	Minorista
Intel	INTC	Tecnología
IBM	IBM	Tecnología
Johnson & Johnson	JNJ	Farmacéutica
JPMargon Chase	SPM	Banca
Kraft Foods	KFT	Alimentos
McDonald's	MCD	Comida rápida
Merck	MRK	Farmacéutica
Microsoft	MSFT	Tecnología
Pfizer	PFE	Farmacéutica
Procter & Gamble	PG	Alimentos
Travelers	TRV	Seguros
United Technology Corporation	UTX	Conglomerado
Verizons Communications	VZ	Telecomunicaciones
Wal-Mart	WMT	Minorista
Walt Disney	DIS	Entretenimiento

STANDAR AND POOR 500 (*S&P 500*)

El índice Standard and Poor 500 está compuesto por un conjunto de 500 compañías de los Estados Unidos, en este grupo están empresas que cotizan sus acciones en las diferentes Bolsas, como el NYSE y el NASDAQ. Representa las empresas de más alta capitalización de mercado. La capitalización mínima requerida para que una compañía sea incluida aquí debe ser de tres billones de dólares.

Después del Dow Jones Industrial Average (DJIA) este índice es el más seguido por los medios financieros, ya que para muchos representa una muestra más real del comportamiento de los mercados, por la sencilla razón de que incluye la mayoría de las empresas más importantes del país y al mismo tiempo tiene una muestra mayor que otros índices.

Fue introducido por primera vez en 1957 por la empresa Standard and Poor, que es una división de la empresa McGraw Hill para realizar investigaciones y análisis de valores financieros.

Al momento de escribir este libro, el índice S&P 500 se encontraba **1,022.56 puntos**, como muestra la figura a continuación.

NASDAQ COMPOSITE

El Nasdaq Composite está compuesto por todas las empresas que cotizan en el mercado NASDAQ, por lo tanto, incluye empresas de los Estados Unidos y del exterior, es decir que este indicador no es exclusivo del comportamiento de la economía estadounidense. Está compuesto por más de tres mil empresas, la mayoría empresas tecnológicas de alto crecimiento.

Al momento de escribir este libro el índice NASDAQ Composite se encontraba en los **2,091.79 puntos**, como lo muestra la figura a continuación.

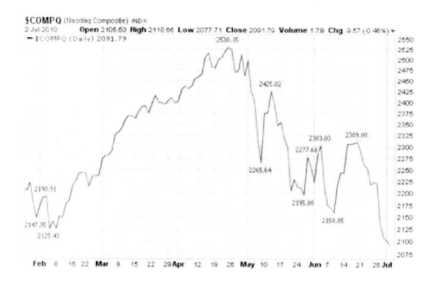

RUSSELL 2000

El Russell 2000 está compuesto por dos mil empresas, la mayoría de capitalización pequeña y mediana. La capitalización promedio de las empresas listadas en este índice es de 530 millones de dólares.

Al momento de escribir este libro, el índice Russell 2000 se encontraba en los **598.97 puntos**, como lo muestra la figura a continuación.

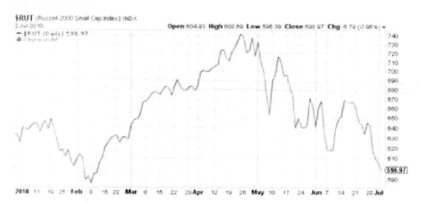

Desplomes de Bolsas de Valores

La naturaleza humana

El miedo y el optimismo son las emociones que gobiernan los precios de las acciones. Así, en ciertos momentos, se cotizan a precios astronómicamente altos y en otras ocasiones a precios ridículamente bajos. El miedo al futuro evita que las personas compren, en cambio, el optimismo estimula a las personas a comprar. Cuando el futuro parece ser brillante y el entusiasmo de los "inversores" es muy prolongado, ocurre un fenómeno que en economía se llama **burbuja**.

Una burbuja económica se produce en los mercados como consecuencia de la **especulación,** ocasiona un incremento anormal y prolongado del precio de un activo financiero muy por encima de su valor intrínseco o valor real. La especulación es un conjunto de operaciones comerciales que se realizan con el fin de tener un beneficio económico basado en la fluctuación de los precios. Los especuladores compran hoy, con la esperanza de vender mañana a otro especulador a un precio más alto, y ganar dinero en poco tiempo. Mientras ese proceso continúe, los precios siguen en aumento. Cuando el precio del activo alcanza niveles estratosféricos y en el mercado no hay más especuladores dispuestos a comprar, ocurre lo que se conoce como un estallido (*crash*) de la burbuja.

El estallido de la burbuja provoca el descenso del precio del activo aun más rápido de lo que fue su ascenso, lo lleva a niveles muy bajos, en ciertas ocasiones, por debajo de su valor intrínseco. En los estallidos de las burbujas es donde ocurren las grandes pérdidas económicas que sufren los "inversores" y especuladores. Todos aquellos que compraron el activo durante el proceso especulativo, principalmente cuando los precios se encontraban en los niveles superiores, terminan con pérdidas económicas lamentables, a veces irreparables.

La compra especulativa es dañina a los mercados. Provoca que los precios de los activos suban por encima de su valor real, producto de una demanda artificial del activo. Lo mismo ocurre con la venta especulativa, lo precios se mueven a niveles por debajo de su valor real.

A continuación, algunas de las burbujas económicas más importantes de la historia que dieron origen a las principales crisis financieras.

La crisis de los Tulipanes (1633-1637)

La Tulipamanía es el nombre con el que se conoce a un momento ocurrido en los Países Bajos como consecuencia de la especulación con los bulbos de tulipán, cuyos precios alcanzaron niveles desorbitantes, lo que provocó una burbuja económica y una crisis financiera en todo país.

El tulipán fue introducido en los Países Bajos en el 1559 procedente de Turquía. Aquí, el tulipán era considerado una flor sagrada y es usada comúnmente por los sultanes para adornar sus trajes. Los holandeses apreciaban su belleza, así que rápidamente alcanzó una gran popularidad, principalmente entre los ricos holandeses y alemanes.

Las causas que dieron origen a la Tulipamanía se cree que fueron el éxito de la **Compañía Holandesa de las Indias Orientales,** la prosperidad alcanzada por los Países Bajos, además del gusto de los holandeses por las flores exóticas.

En aquellos tiempos existían más de 100 especies y al menos 4,000 variedades identificadas de tulipanes. En Holanda se creó una nueva variedad de tulipanes multicolores, únicos, la combinación de colores no se repetía de una flor a otra, esta característica los convertía en un objeto de especial adoración. Hoy se sabe que el porqué de los tulipanes multicolores es un parásito (pulgón) que transmitía un virus que se llama *Tulip breaking potyvirus.*

En 1623, un solo bulbo de tulipán podía costar 1,000 florines neerlandeses, un ciudadano promedio en Holanda percibía unos ingresos medios anuales de 150 florines. En la década de 1630, el precio de los bulbos aumentaba rápidamente y todo el país invirtió todo el dinero que tenía en el comercio especulativo de tulipanes. En el año 1635 se vendieron 40 bulbos por 100,000 florines. Para tener una idea de valor de la moneda en esos tiempos, una tonelada de mantequilla costaba 100 florines, y ocho cerdos 240 florines. La venta registrada con el precio más alto fue realizada por **Semper Augustus,** quien vendió un solo bulbo de tulipanes por la suma de 6,000 florines.

En 1636 se declaró una epidemia de peste bubónica. Esta enfermedad mató a muchas personas y la población se vio disminuida drásticamente, la falta de mano de obra contribuyó aun más a la espiral alcista de los precios de los bulbos de tulipanes. La fiebre especulativa llegó a un punto en que los compradores se endeudaban e hipotecaban sus casas para adquirir las flores, a partir de cierto momento, ya no se intercambiaban bulbos físicamente, sino que las transacciones se realizaban mediante notas de crédito, originando de esta manera una verdadera especulación financiera. Los tulipanes entraron en la Bolsa de Valores, y todo tipo de personas de todas las clases sociales, desde la alta burguesía hasta los artesanos, estaba involucrados en la tulipamanía.

La fiebre llegó a su fin, cuando el 5 de febrero de 1637, se vendió un lote de 99 bulbos de tulipanes por un precio de 90 mil florines. Esta fue la última gran venta. Al día siguiente, se colocó a la venta por 1.250 florines un lote de medio kilo, no hubo compradores y la burbuja estalló. A partir de este momento, los precios comenzaron a descender y no había forma de que los "inversores" recuperaran su "inversión". Todo el mundo quería vender, pero no aparecía nadie que quisiera comprar. Miles de personas estaban endeudadas, a partir de este momento comenzó una espiral de personas a declarase en bancarrota, el pánico se apoderó de la economía holandesa, lo que llevó al país completo a la quiebra.

La burbuja de los Mares del Sur (1719-1720)

La crisis financiera ocurrida en Gran Bretaña en el año 1720 se conoce como la burbuja de los Mares del Sur.

La compañía de los Mares del Sur (*South Sea Company*) fue fundada en 1711 por Robert Harley. Esta compañía logró conseguir un acuerdo con el Gobierno británico que le garantizaba el monopolio comercial con las colonias españolas en América.

En 1717 la empresa hizo su primer viaje comercial hacia América. En esta oportunidad las ganancias fueron pocas. En el 1718 las relaciones entre España y Gran Bretaña no eran las mejores, eso afectó las perspectivas económicas de la compañía, aún así se mantenía afirmando que sus ganancias a largo plazo serían jugosas. Más tarde, divulgó rumores en los mercados exagerando su valor comercial, lo que de inmediato desató la especulación, las acciones subieron rápidamente de 128 libras en enero de 1720 a 550 a finales de mayo.

La compañía obtuvo la Licencia Real, la cual le garantizaba formalmente comercio exclusivo. Esto aumentaba el atractivo de sus acciones: en junio de 1720, el precio era de 890 libras. El rápido incremento provocó el frenesí de los especuladores. Las acciones llegaron a 1,000 libras en agosto. A partir de ese momento, la tendencia cambió bruscamente.

Al mismo tiempo, se registraban otras burbujas en París y Ámsterdam, relacionadas con las acciones de la **Compañía del Mississippi**. Todo esto aceleró aun más la tendencia bajista que presentaban los precios.

El comienzo del fin de la burbuja de la compañía Mares del Sur fue en agosto, cuando se propagó el rumor de que el señor Sir John Blunt, quien era en ese entonces presidente de la compañía, vendió todas sus acciones. Este hecho provocó la pérdida de la confianza de los inversores, incentivando la masiva venta de acciones. En septiembre las acciones se cotizaban a 130 libras. La crisis se propagó a los bancos, el cólera de los inversores era tan fuerte que el Parlamento tuvo que ser disuelto ese mismo año en diciembre, y se nombró a una comisión en su lugar.

En 1721 se publicó un informe en el que se determinó que los directores de la compañía habían orquestado un fraude de magnitudes colosales. Así que fueron llevados a prisión y desposeídos de todos sus bienes.

El nuevo canciller y el primer lord del Tesoro anunciaron una serie de medidas para restablecer la confianza de los mercados y mejorar la solvencia de la compañía, que sobrevivió hasta 1853, aunque muchas de las acciones fueron vendidas al Gobierno español en 1750.

El desplome de la Bolsa en 1929

El desplome de la Bolsa en los Estados Unidos dio inicio a una de las crisis económicas más profundas, prolongadas y extendidas (ya que afectó a muchos países) de todo el siglo XX. La depresión se originó en los Estados Unidos a partir del desplome bursátil ocurrido el 29 de octubre de 1929 (ese día es recordado como "el martes negro") y de inmediato se extendió a los demás países. La crisis se prolongó hasta finales de la década de los '30 y principios de los '40.

El fenómeno comenzó en los Estados Unidos luego de un crecimiento vertiginoso de la economía que se registró desde el año 1920 hasta 1929. Durante ese período, este país disfrutó de un poder económico sin igual en su historia, gracias en parte a las profundas reformas productivas que se habían logrado, basadas principalmente en el uso de las nuevas tecnologías. Este auge le permitió colocarse a nivel mundial como la primera potencia económica, superó a Gran Bretaña. La Bolsa de Valores también fue partícipe de toda esta bonanza económica, los precios de las acciones se incrementaron durante todos esos años, esto fomentó aun más el optimismo de los mercados. Se inició una espiral especulativa alimentada por la disponibilidad masiva del crédito para invertir en la Bolsa.

Las acciones podían ser compradas con dinero prestado, con un inicial del 10 por ciento de su valor. Así, cualquier persona que tuviera mil dólares podía comprar acciones de 10 mil dólares

A partir del verano de 1929, algunos indicadores macroeconómicos habían empezado a mostrar ciertos indicios de debilidad, lo que ocasionó un leve descenso en los precios de las acciones. En septiembre, estos números comenzaron a descender más deprisa. A partir del 25 de octubre, se produjo una baja muy brusca en los precios de las acciones. Esta situación provocó pánico entre los especuladores, principalmente en aquellos que habían comprado las acciones con dinero prestado y que ahora tenían que venderlas a precio por debajo para pagar los préstamos que tenían con los bancos. Al mismo tiempo, los bancos no renovaban los préstamos. En 1932 la mayoría de las acciones que cotizaban en la Bolsa de Valores tenían un 15 por ciento de los precios anteriores a la crisis de 1929.

La crisis bursátil se extendió a toda la economía a nivel nacional, principalmente por la quiebra de los bancos. Esto multiplico aun más los efectos de la crisis. La economía llegó a su punto de mayor depresión en 1932, a partir de entonces la recuperación fue lenta y parcial hasta el inicio de la Segunda Guerra Mundial

El desplome de la Bolsa en 1987

El desplome de la Bolsa ocurrido el lunes 19 de octubre de 1987 es conocido como "el lunes negro". En esta crisis, las Bolsas de Valores de todo el mundo se cayeron en un período de tiempo muy breve. El fenómeno comenzó en Hong Kong, el contagio siguió hacia Europa y finalmente llegó a los Estados Unidos.

Ese día, el índice Dow Jones Industrial Average (DJIA) tuvo un descenso de 508 puntos. Se colocó en 1,739 puntos, tuvo una pérdida porcentual, en sólo día, de un 22,6. El desplome de la Bolsa "el lunes negro" ha sido el mayor derrumbe en término porcentual sucedido en un mismo día en la historia de los mercados de valores.

La burbuja de las Punto Com (1995-2000)

Se conoce como la burbuja o crisis de las empresas Punto Com al colapso financiero ocurrido en los mercados financieros como consecuencia de las quiebras de la mayoría de las empresas que explotaban sus negocios a través del Internet. Estas se hicieron famosas en los mercados financieros, ya que prometían grandes beneficios a partir de ideas de negocios innovadoras. Se creó, de esta forma, una nueva era en la economía, la llamada **Nueva Economía**.

La crisis de las Punto Com se conoce como el "Granddady" *(el abuelo)* de todas las burbujas. Estalló en la mitad del 2000. Ocasionó una pérdida tan grande de dinero que fácilmente superó el trillón de dólares.

Para tener una idea de las dimensiones de esta crisis, el índice bursátil NASDAQ llegó a los 5,000 puntos gracias a la euforia especulativa rampante que existía en el momento sobre las compañías de Internet que representaban la Nueva Economía. Dos años después, en octubre de 2002, el NASDAQ se encontraba en los 1,300 puntos, lo que representaba una pérdida de 68 por ciento del valor de las acciones que cotizaban en este mercado.

Para entender mejor las causas de esta crisis, debemos analizar algunos factores importantes: el desarrollo de las nuevas tecnologías de la información y la aparición de los **inversores ángeles** (*angel investors*).

El desarrollo de las tecnologías de la información, especialmente la Internet, y la expansión de las redes de datos a todos los lugares del planeta permitieron la interconexión de todos los mercados financieros del mundo en tiempo real y la globalización de los capitales. Gracias a todo esto, por primera vez en la historia financiera, los capitales podían fluir de manera rápida, oportuna y en grandes cantidades desde un mercado hacia otro. Estas transformaciones tecnológicas generaron nuevas formas de adquisición de capitales para la creación de nuevas iniciativas empresariales, especialmente aquellas que representaban la Nueva Economía.

Los **inversores ángeles** es una nueva raza de inversores dedicados a invertir capital en empresas en crecimiento, regularmente en las etapas iniciales del proyecto, cuando los riesgos son aun más altos. El objetivo de este tipo de inversores es capitalizar proyectos en etapas prematuras para luego formar una empresa y sacarla a Bolsa. En la salida a Bolsa es que se encuentran las grandes ganancias, principalmente cuando el ambiente en Wall Street está muy optimista.

Gracias al potencial que brindaban las nuevas tecnologías de la información y a la disponibilidad de capitales, se formó un ambiente excesivamente optimista sobre el alcance económico que podían lograr las empresas de Internet y la Nueva Economía. Las expectativas llegaron ser de tales magnitudes que en ciertos sectores de Wall Street se comentaba y afirmaba que las empresas de Internet y la Nueva Economía iban a superar y, con el tiempo, a eliminar a las grandes y estables empresas tradicionales de la "vieja economía". Más de un administrador de fondos mutuos, de esos que invertían en sectores que representaban a la Nueva Economía, llegaron muchas veces a dudar y a ridiculizar en público los principios fundamentales de inversiones, ya que según el ambiente del momento que existía en Wall Street estos principios ya no funcionarían con las nuevas reglas de los negocios de la Nueva Economía.

La burbuja fue alimentada por el entusiasmo de numerosos productos y servicios que se podían desarrollar sobre la base de internet: *software*, proveedores de servicios, buscadores, portales de todo tipo, redes B2B (*business to business*) y un sinnúmero de ideas que tenían el potencial para ser desarrolladas y estaban puestas al alcance de millones de consumidores a través de Internet con la promesa de beneficios nunca antes imaginados.

La empresa Netscape Communications, creadora del popular programa (*software*) de navegación por la Web llamado

Navigator, fue fundada el 4 de abril de 1994 por Marc Andreesen y James Clark, rápidamente el negocio comenzó a brindar beneficios. Un año después, el 5 de agosto de 1995, la empresa hizo su primera oferta pública (*initial public offer IPO*). Las acciones de Netscape Communications al momento de salir por primera vez a Bolsa tenían un precio de 28 dólares y, en sólo cuatro meses, las acciones alcanzaron un precio de 171 dólares. Cuando las acciones se cotizaban en su punto más alto, la empresa alcanzó un valor de 6.8 billones. Esto es lo mismo que decir que su cotización de mercado era equivalente a 80 veces los beneficios que la compañía había tenido en el año 1995.

La empresa Yahoo es un representante clásico de esta crisis Punto Com. La empresa fue fundada en 1994 por Jerry Yang y David Filo, ambos estudiantes de Ingeniería Eléctrica de la Universidad de Stanford. La compañía se convirtió en el buscador número uno utilizado por los usuarios de Internet. Dos años después, el 12 de abril de 1996 la compañía tuvo su primera oferta pública (*initial public offer IPO*), en la que recaudaron 33.8 millones de dólares, Vendieron 2.6 millones de acciones a 13 dólares cada una.

Las acciones de Yahoo se hicieron populares entre los especuladores, lo que motorizó el aumento del precio de las acciones, hasta llegar a su punto más alto el 3 de enero de 2000, cuando alcanzó los 118.75 dólares por acción. Después de que estalló la burbuja, los precios de las acciones de la empresa comenzaron su descenso en picada hasta llegar a los 16 dólares.

El 7 de febrero de 2000, el dominio de la empresa (*http://www.yahoo.com*) sufrió un ataque perpetrado por *hackers*, lo que impidió que los usuarios accedieran a la página de la compañía por algunas horas. Este suceso deterioró aun más la confianza de los mercados financieros frente a las empresas punto com.

El 26 de septiembre de 2001, las acciones de Yahoo se cotizaban a 4.06 dólares. A pasar de que la compañía fue una de las víctimas más predominantes de la burbuja, todavía no ha desaparecido del mercado, sigue brindando servicios de búsqueda y publicidad a millones de usuarios alrededor del mundo. Sin embargo, hoy Yahoo perdió su puesto número uno como buscador en Internet frente a su competidor Google.

Las siguientes empresas son algunos de los grandes fracasos de esta crisis.

- Boo.com gastó 188 millones de dólares con el objetivo de crear una red global a través de Internet de tiendas de moda. Se declaró en bancarrota en mayo de 2000.

- Geocities.com fue comprada por Yahoo en enero de 1999 por un monto de 3.57 billones de dólares. Yahoo clausuró Geocities el 26 de octubre de 2009.

- Infospace.com, en marzo del 2000, sus acciones cotizaban a 1,305 dólares. En abril de 2001, después del desplome de la Bolsa, las acciones se cotizaban en 22.00 dólares.

La burbuja de los Bienes Raíces (1997-2005)

Por último, pero no la última, la crisis inmobiliaria de los Estados Unidos.

Las hipotecas de alto riesgo conocidas con el nombre de hipotecas **subprime** era un tipo de hipoteca especial utilizada para adquisición de viviendas, este producto financiero fue creado para las personas de poca solvencia económica, por lo tanto, presentaba un riesgo de impago (*default*) superior a la media de las demás hipotecas. Una de sus características es que la tasa de interés era superior a los préstamos hipotecarios normales, además las tasas de interés eran variables, lo que ocasionaba que el cliente estuviera expuesto a las fluctuaciones constantes del tipo de interés.

Esta crisis tuvo su origen en la especulación excesiva en los activos inmobiliarios, principalmente en el segmento de viviendas. Con el estallido de la burbuja de las empresas tecnológicas Punto Com, muchos inversores buscaron en los bienes raíces un refugio seguro para sus capitales. Además, después de los atentados del 11 de Septiembre de 2001 se produjo un gran desplome en los mercados financieros y en la economía en general, producto de la incertidumbre del momento. La **Reserva Federal**, para reactivar la producción y el consumo a través del crédito, decidió bajar las tasas de interés a niveles inusualmente bajos. Todos estos factores combinados produjeron un exceso de liquidez, lo que generó la aparición de la burbuja inmobiliaria.

Después de la Segunda Guerra Mundial fue fundada una institución llamada **Federal National Mortgage Association** (*FNMA*), comúnmente conocida como **Fannie Mae**, con el objetivo de canalizar fondos líquidos para la creación de viviendas a los sectores más pobres. El concepto era noble: "lograr el sueño americano", es decir que todo hombre, fuera rico o podre, pudiera tener una casa propia. Estos fondos estaban asegurados y garantizados por la **Farmer's Home Administration**.

En 1968 Fannie Mae salió a cotizar en la Bolsa de Valores de Nueva York con el símbolo FNM. A partir de este momento, las actividades de la compañía no iban a continuar siendo financiadas con el presupuesto del Gobierno.

En 1970, el Gobierno creó otra institución llamada **Federal Home Loan Mortgage Coporation** (*Freddie Mac*), con el objetivo de otorgar hipotecas y servir de competencia de Fannie Mae.

Al poco tiempo, estas dos empresas junto con los bancos de inversión en Wall Street comenzaron a "empaquetar" las hipotecas subprime en forma de bonos y otros productos financieros, llamados **Mortgage Backed Securities** (*MBS*), para ser comercializados en las Bolsas de Valores. Estos fueron adquiridos, en su mayoría, por grandes **fondos de inversión** y **fondos de pensiones**.

La crisis comenzó en 2007, cuando las variables económicas empezaron a mostrar evidencia del debilitamiento económico. La Reserva Federal estaba aumentando progresivamente las tasas de interés, esto trajo como consecuencia que las cuotas de los préstamos hipotecarios subieran, el **índice de morosidad** se elevara y diera lugar a que miles de personas dejaran de pagar a los bancos las cuotas de los préstamos hipotecarios, especialmente el segmento de las hipotecas subprime.

Los bancos comenzaron inmediatamente a ejecutar hipotecas, es decir, a quitarles las casas a aquellos clientes que no tenían la solvencia necesaria para hacerles frente a los pagos mensuales de los préstamos. Además, los bancos dejaron de otorgar préstamos a los consumidores y a las empresas, lo que creó una contracción del crédito en la economía. Las consecuencias fueron una parálisis en todas las actividades productivas de la nación, las empresas reportaban menos ganancias, los inversores perdían la confianza en las compañías porque entraban en pánico.

El resultado final fue una crisis financiera internacional, de una envergadura inimaginable, calificada por la mayoría de los expertos como la peor crisis económica conocida desde la Segunda Guerra Mundial.

Parte II:

En qué invertir

Las acciones:
Valores de renta variable

Únicamente compra aquellas acciones que puedas mantener en tu portafolio despreocupadamente, aunque al mercado lo cerraran por 10 años.
WARREN BUFFET

Introducción

El verdadero inversor es aquel que desea que las acciones que lleva
de una empresa bajen, para poder comprarlas más baratas.

WARREN BUFFET

A la mayoría de las personas le gustaría ser dueña de una empresa sin la preocupación de tener que ir a trabajar todos los días, sin tener que lidiar con empleados furiosos, con el gobierno y con el pago de los impuestos. Le gustaría estar libre de buscar los clientes, de hacer planes de negocios, de desarrollar estrategias de publicidad y de marketing. Además de todo ese trabajo tedioso y rutinario, es un gran desafío hacer crecer una empresa, convertirla en rentable y con el tiempo ganar algo de dinero.

La idea de construir una empresa parece una tarea muy difícil. Pero qué tal si le dijera que usted puede ser dueño de una parte o del total de una empresa, desde la sala de su casa, cómodo, con su computadora encendida en la mesa. Así, puede ver cómo la empresa crece y al mismo tiempo disfruta de los beneficios que recibirá por ser dueño. ¿Suena como una idea poco realista? No lo creo, esto puede ser posible y en este capítulo le mostraremos cómo lo podemos lograr.

Como usted podrá imaginar, cuando hablamos de disfrutar de todos los beneficios de ser dueño de una empresa sin tener que trabajar en ella, nos referíamos a las acciones. Posiblemente son el instrumento financiero que más riqueza ha creado para la mayor cantidad de personas en la historia. Las acciones son la columna vertebral de todo portafolio de inversión. En la ruta para llegar a la ansiada libertad financiera, debemos tener conocimientos sólidos acerca del tema.

A partir la década del '90, el interés del público en general por el mercado de valores creció exponencialmente. Hace un tiempo atrás, era visto como una herramienta donde los ricos colocaban su dinero para hacerlo crecer. La combinación del aumento del interés del público por el mercado de valores sumado a los avances de la tecnología de la información hicieron posible que hoy, cualquier persona, no importa su situación económica o estatus social, pueda invertir y ser dueño de acciones de compañías desde la comodidad de su hogar.

La parte negativa que acompaña el crecimiento en popularidad del mercado de valores es que la mayoría de las personas tiene la idea de que las acciones son la alquimia de nuestra era moderna, creen que es un instrumento para convertirse en una persona rica de la noche a la mañana.

Las acciones son un instrumento magnífico para la creación de riqueza pero, como todo en la vida, tienen sus riesgos. El peligro está en la falta de educación de los inversores que compran sin ningún criterio de inversión objetivo y mensurable. La educación financiera es la solución en las inversiones en cualquier activo financiero.

Por esta razón, en este capítulo analizaremos qué son las acciones, cuáles son los tipos que existen, cuáles son las causas por las que los precios fluctúan, cómo podemos comprar acciones y todo lo relacionado para comprender los fundamentos de este instrumento financiero.

¿Qué es una acción?

Las acciones son instrumentos de inversión de renta variable. Esto significa que, si la compañía produce beneficios, el inversor gana dinero; por el contrario, si la compañía no reporta beneficios, el inversor pierde dinero.

Las acciones (*stocks*) representan la propiedad de una fracción de una compañía. Una acción (*share*) simboliza un pedazo de los activos y de las ganancias que posee y genera una compañía, en otras palabras, el portador de acciones es dueño de una parte del negocio. Si usted compra acciones de Microsoft (MSFT), automáticamente usted se convierte en socio de Bill Gates. Mientras mayor sea la cantidad de acciones que tenga un inversor, mayor será su participación sobre los activos y las ganancias.

La persona que compra acciones de una empresa se llama **accionista** (*shareholder*). El accionista es el dueño de una parte o de la totalidad de la empresa. Como dueño, recibe parte de las ganancias que se reparten en forma de **dividendos**, y además tiene derecho a **reclamo sobre los activos** propiedad de la compañía.

Las acciones generan beneficios de dos maneras: **ganancias de capital** y **pago de dividendos**.

La ganancia de capital o apreciación es la diferencia entre el precio al que se compró la acción y el de venta de la acción. Por ejemplo, si un inversor compra 100 acciones de Microsoft por 20.00 dólares por acción, su inversión será de 2,000.00 dólares. Si al año siguiente el precio de las acciones de Microsoft asciende a 25.00 dólares y el inversor vende sus acciones, tendrá un ingreso de 2,500.00 dólares. En esta operación, la ganancia de capital fue de 500.00 dólares, es decir, un 20 por ciento del retorno de la inversión.

Los dividendos son el dinero en efectivo distribuido entre los accionista. El pago de los dividendos se hace trimestral o anualmente. Este dinero proviene de las ganancias netas que produce la compañía. La cantidad de dividendos por distribuir en relación con el total de las ganancias netas va a depender de la política de dividendos establecida en la empresa.

Algunas compañías no distribuyen dividendos, ya que el total de sus ganancias son reinvertidas en la empresa para financiar el crecimiento. Si una compañía no distribuye dividendos significa que la única forma que tienen los accionistas de ganar dinero es a través de la apreciación, es decir, a través del aumento de los precios de las acciones en el tiempo.

Las empresas que adoptan como política reinvertir todas sus ganancias lo hacen para mejorar la rentabilidad del negocio y para generar más beneficios en el futuro a largo plazo. Esta práctica administrativa se reflejará en sus estados financieros, lo que su vez influirá en los sentimientos de los participantes del mercado y provocará el aumento subyacente del valor de las acciones.

La tarea de colocar el dinero sobrante en efectivo con el objetivo de crear más valor es lo que se conoce como **colocación de capital** (*capital allocation*). Esta es una de las habilidades necesarias que debe tener todo administrador de empresas para crear valor y riqueza para los accionistas.

Cuando una compañía tiene beneficios después de pagar todos sus costos de ventas, costos administrativos, salarios, bonificaciones e intereses, debe pagar **impuestos sobre las ganancias** (*income tax*). La política de no distribución de dividendos también evita la **doble tributación**, es decir, pagar dos veces impuestos al Gobierno. Por lo tanto, les permite a la compañía y a los accionistas ganar mucho más dinero si los beneficios no distribuidos se utilizan inteligentemente.

Ese dinero restante después de pagar los impuestos es lo que se conoce como las **ganancias netas** (*net income*). Las ganancias netas son el dinero que ganó finalmente la compañía en un período determinado de tiempo. Estas pueden ser distribuidas entre los accionistas en forma de dividendos, pueden ser reinvertidas en la misma empresa o pueden utilizarse para invertirlas en la adquisición de otras empresas.

Si las ganancias son distribuidas como dividendos, estos ingresos son gravados por el gobierno ya que son considerados ganancia personales (*income*) de los accionistas. Por lo tanto, el Gobierno cobra impuestos dos veces sobre las mismas ganancias: primero sobre las ganancias de la empresa, segundo sobre los dividendos que representan un ingreso para los accionistas.

El reclamo de los activos es cuando la empresa fracasa y se declara en **bancarrota** (*bankruptcy*). En este caso, debe ir a un proceso de liquidación. Esto significa que no puede hacer frente a sus compromisos (deudas) contraídos.

Un **proceso de liquidación** consiste en vender todos los activos de la compañía para pagar las deudas. Los bancos comerciales y todos los acreedores (los prestamistas) son los primeros en recuperar su dinero, según el orden de prioridad establecido; en segundo lugar están los **tenedores de bonos** (*bondholder*); y en tercer lugar, los accionistas de la empresa (*shareholder*). Si cuando los bancos y los tenedores de bonos recuperan su capital queda algo, entonces ese resto se reparte entre todos sus accionistas.

Las acciones están representadas por un certificado de acciones. El **certificado de acciones** es un papel que es la prueba legítima de propiedad de una acción. En la actualidad, cuando invertimos no recibimos ningún tipo de papel o certificado de parte de nuestro corredor de Bolsa. Al momento de comprar, el corredor registra la transacción de manera electrónica en los sistemas informáticos.

Debido a los avances en la tecnología, la compra y venta de acciones se efectúa de manera rápida y efectiva a través de Internet, ya que los inversores no tienen que esperar enviar ni recibir ningún documento o certificado de inversión. Con un simple clic, el inversor puede negociar las cantidades de acciones que desee en cualquier momento y lugar.

La siguiente figura representa un certificado de acciones de la compañía Microsoft Corporation.

Ser dueño de acciones no compromete al inversor el estar pendiente física y mentalmente de las operaciones diarias de la empresa. Cada acción representa un **derecho a voto** y anualmente los accionistas de la empresa se reúnen para elegir y formar la junta de directores (*board of members*).

La junta de directores es el organismo encargado de elegir el administrador o gerente general (*cheif executive office CEO*). El **administrador** es la persona responsable de las operaciones diarias de la compañía.

Regularmente, la junta de directores es la encargada de las funciones de la empresa a nivel macro, mientras que el administrador tiene a su cargo las operaciones del día a día. Dependiendo de la cultura organizativa de la compañía, la junta de directores puede ser muy activa, es decir, controla muy de cerca los efectos derivados de las decisiones tomadas por el administrador. En otros casos, la junta de directores puede ser un organismo pasivo, en la cual el administrador tenga las manos libres para la toma de decisiones y para el establecimiento de las políticas corporativas. En caso que el administrador tenga un mal desempeño en su trabajo, puede ser destituido por la junta de directores. Si es la junta de directores la que no realiza el trabajo esperado, los accionistas tienen el derecho de destituirla y a formar una nueva.

Una característica muy importante de las acciones es lo que se conoce como **responsabilidad limitada**. Si la compañía no tiene dinero para pagar sus deudas a los acreedores (bancos y tenedores de bonos) y se declara en bancarrota, estos no pueden reclamar los bienes personales de los accionistas. Los acreedores sólo tienen derecho a exigir los activos que son propiedad de la compañía.

Tipos de acciones

Existen dos tipos de acciones. Las acciones comunes (*common stocks*) y las acciones preferentes (*preferred stocks*). Ambas tienen sus ventajas y desventajas.

Las acciones comunes

Las acciones comunes son aquellas que el público en general posee. La mayoría de las emitidas por las compañías en el mercado de valores es de este tipo. Representan para el accionista el derecho de una parte de los beneficios y una parte de los activos. El tenedor de acciones ordinarias tiene derecho a voto para elegir la junta de directores. Si la compañía se declara en bancarrota, son los últimos en orden de prioridad para reclamar los activos. Los acreedores, tenedores de bonos y los portadores de acciones preferentes tienen mayor prioridad, en ese orden.

Las acciones preferentes

Las acciones preferentes representan cierta propiedad total o parcial de una compañía, pero sin derecho a voto para elegir la junta de directores. Normalmente, las acciones preferentes garantizan el cobro de unos dividendos fijos. En el caso de las acciones ordinarias, los dividendos son variables y su cobro no está garantizado, ya que dependen de que la compañía tenga ganancias. Otra característica de las acciones preferentes es que en caso de liquidar los activos de la compañía tienen prioridad sobre los inversores de acciones ordinarias, pero siempre después de los acreedores (bancos) y tenedores de bonos.

En general, las empresas emiten dos tipos de acciones: comunes y preferentes. Sin embargo, las compañías pueden crear diferentes clases de acciones de la forma más conveniente a sus intereses. Este tipo de actividad se lleva a cabo para mantener el poder de voto, para que la toma de decisiones que afecten a la compañía se desarrolle dentro de un círculo selecto de accionistas.

Por ejemplo: una clase de acción específica puede tener diez votos por acciones; mientras, otra clase puede tener un voto por acción. Cuando en una compañía existe más de una clase de acción, se designan como acciones Tipo A y Tipo B. Las cantidades de votos de cada clase va a depender de las políticas corporativas internas establecidas por la junta de directores.

¿Qué factores afectan el precio de las acciones?

Existe una frase muy utilizada en Wall Street que dice: "El precio de una acción está determinado por lo que otro quiere pagar por ella". Los precios de las acciones varían todos los días, debido a dos fuerzas que ejercen presión constantemente: la **oferta** y la **demanda**.

El término **oferta** se refiere la cantidad de personas que quieren vender y la **demanda** a los que quieren comprar. Si en un momento dado, en el mercado se encuentran más personas dispuestas a comprar que a vender, la tendencia en el precio sería al alza. Lo contrario ocurre cuando existen más personas dispuestas a vender que a comprar, la tendencia de los precios sería a la baja.

Entender el significado de los términos oferta y demanda es relativamente fácil. Lo que es un poco complicado es el porqué de las preferencias. No se sabe a ciencia cierta, qué es lo que provoca que las personas elijan algunas acciones sobre otras. Para explicar este fenómeno existe una teoría ampliamente aceptada que indica que el sentimiento de valor que les dan los participantes del mercado a las acciones es lo que realmente determina que la oferta y la demanda se desequilibren, por lo tanto, los precios fluctúen.

Existen tres factores principales que afectan los sentimientos de los inversores con relación al precio de una acción: las ganancias de la compañía, los dividendos repartidos y las condiciones financieras.

El precio de una acción no refleja el valor de una empresa. Para determinar el valor de una compañía que cotiza en el mercado debemos calcular lo que se denomina capitalización de mercado. La capitalización de mercado es el resultado de multiplicar el precio de las acciones por el número de acciones emitidas por dicha empresa en el mercado de valores. Por ejemplo, una empresa que sus acciones cotizan 100.00 dólares por acción y tiene 1 millón de acciones emitidas, su capitalización de mercado es de 100 millones de dólares.

Esta compañía tendría un valor de mercado mucho menor, si la comparamos con otra que sus acciones coticen a 50.00 dólares y tenga cinco millones de acciones emitidas. El resultado una capitalización de mercado de 250 millones de dólares.

De todos los factores posibles que afectan los precios de las acciones, son sus ganancias o beneficios los que tienen el mayor impacto. Las compañías deben reportar trimestral y anualmente toda su información financiera a través de sus estados financieros. Los estados financieros son los informes contables que muestran la salud financiera de la empresa.

Esto tiene una razón fundamental: una compañía que no tienen ganancias o que sus ganancias no son suficientes para que sea rentable en el largo plazo se declararía en bancarrota y las acciones pasarían a valer cero.

Los analistas en Wall Street se la pasan escribiendo reportes y análisis, esperan impacientes los estados financieros de las compañías para hacer sus predicciones económicas del futuro. Si las ganancias reportadas en los estados financieros son las esperadas, es decir, la compañía reportó mayores ganancias que en el período anterior, entonces los precios de las acciones tienden al alza. Si los resultados financieros no son los esperados, entonces los precios de las acciones tienden a la baja.

Las ganancias no son el único factor que afecta los sentimientos del mercado con respecto al valor de las acciones. Por ejemplo, en 2000, cuando las empresas de Internet estaban en auge, cientos de compañías IPO (*Initial Public Offer*) salían cada día a cotizar sus acciones en la Bolsa de Valores. Muchas de esas empresas no tenían ni siquiera un modelo de negocios sostenible que les permitiese generar ganancias a largo plazo, otras operaban con pérdidas constantemente y el público en general las valoraba en billones de dólares. En ese momento existía una euforia excesiva, de un grado embriagador, al punto que los inversores se olvidaron de que para que una empresa pueda sobrevivir en el sistema capitalista debe ganar dinero. Esta característica fundamental parecía en aquel momento carente de importancia. En esos días, cualquier compañía que saliera a Bolsa con una idea aparentemente revolucionaria atraía a los inversores, que se dirigían en manada a comprar acciones de empresas de la Nueva Economía.

Estos hechos demuestran que los inversores han desarrollado cientos de variables para determinar el valor de una empresa y sus posibles ganancias futuras.

En conclusión, realmente nadie sabe con certeza absoluta qué hace que los precios de las acciones varíen constantemente. Algunos creen que no se puede predecir el precio de las acciones en el futuro. Otros piensan que utilizando gráficos y estudiando los precios pasados de las acciones se puede establecer el momento oportuno para comprar o vender. Lo que si es cierto es que los precios de las acciones son volátiles y pueden cambiar muy rápidamente.

¿Cómo interpretar las informaciones de las acciones?

Podemos encontrar en Internet una cantidad considerable de servicios que brindan información en tiempo real sobre los precios de las acciones en la Bolsa de Valores.

Uno de los servicios favoritos es el de finanzas de la compañía Quote, (http://www.quote.com).

Este sitio nos brinda un sinnúmero de herramientas y servicios financieros de mucho valor: noticias de último momento sobre las compañías que cotizan en la Bolsa de Valores, artículos de diferentes analistas financieros e investigaciones de mercados.

A continuación, un listado con algunos de los sitios más populares en Internet donde podemos visualizar los precios y las estadísticas sobre las acciones de las empresas que nos interesan.

- http://www.quote.com
- http://www.intercoute.com
- http://www.google.com/finance

- http://finance.yahoo.com
- http://moneycentral.msn.com
- http://www.dailyfinance.com
- http://www.marketwatch.com
- http://www.thestreet.com

Para visualizar los precios de las acciones, debemos conocer primero el símbolo que identifica a la empresa en la Bolsa de Valores. En el caso de que no lo sepamos, podemos hacer una búsqueda por su nombre para conseguirlo en http://www.quote.com/help/search.action, como muestra la siguiente figura.

En el campo *Keywords*, se escribe el nombre de la compañía

de la que nos interesa averiguar el símbolo que la representa. En *Type*, es posible especificar el tipo de activos financieros (acciones, bonos, futuros, divisas) que nos interesa cotizar. En *Exchange Name*, se puede establecer el criterio de búsqueda para una Bolsa de Valores específica. Para iniciar la búsqueda, sólo hay que mover el mouse y hacer clic sobre el botón de color verde *Go*.

El resultado de la búsqueda del ejemplo se muestra en la siguiente figura.

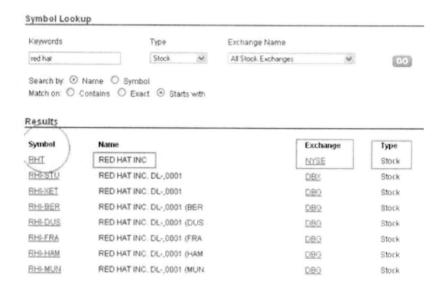

- La columna *Symbol* indica el símbolo de las empresas con el que podemos buscar el precio de las acciones.

- La columna *Name* indica el nombre de la compañía.

- La columna *Exchange* indica la Bolsa de Valores en cual se están cotizando las acciones de la compañía. En el caso de Red Hat Inc, sus acciones están listadas en la Bolsa de Valores de Nueva York (*NYSE*).

- La columna *Type* indica el tipo de activo financiero que cotiza la empresa en la Bolsa. En el caso de Red Hat Inc, son sus acciones.

Para conseguir el precio de las acciones, sólo hay que colocar el cursor en la columna *Symbol,* encima del símbolo de la empresa que nos interesa, como se muestra en la figura siguiente.

Symbol Lookup

Keywords	Type	Exchange Name	
red hat	Stock	All Stock Exchanges	GO

Search by: ⊙ Name ○ Symbol
Match on: ○ Contains ○ Exact ⊙ Starts with

Results

Symbol	Name	Exchange	Type
RHT	RED HAT INC	NYSE	Stock
RHI-STU	RED HAT INC. DL-,0001	DBX	Stock
RHI-XET	RED HAT INC. DL-,0001	DBG	Stock
RHI-BER	RED HAT INC. DL-,0001 (BER	DBG	Stock
RHI-DUS	RED HAT INC. DL-,0001 (DUS	DBG	Stock
RHI-FRA	RED HAT INC. DL-,0001 (FRA	DBG	Stock
RHI-HAM	RED HAT INC. DL-,0001 (HAM	DBG	Stock
RHI-MUN	RED HAT INC. DL-,0001 (MUN	DBG	Stock

Al momento de hacer clic, el sistema nos trae en pantalla un resumen de las informaciones referentes al precio de las acciones:

RED HAT INC (RHT) Last 29.39 Chg -1.60 16:04:03 EDT +Portfolio

Overview | Charts | News | Profile | Financials | Holdings | Insider | Analysts | Technicals |

Last Trade	29.39	Volume	2,894,848
Change	-1.60	Shares	188.64M
Change %	-5.16296	Market Cap.	5.54B
Today's High	30.55	52 Week High	32.52
Today's Low	29.16	52 Week Low	18.69
Bid		EPS	0.49
Ask		P/E Ratio	59.98
Open	30.24	Div. Per Share	0.00
Previous Close	30.99	Exchange	NYSE

Advanced Chart »   Interactive Charts »

Así, se obtiene una panorámica con los datos más relevantes con respecto al precio de las acciones de la compañía. A continuación, se analizarán algunos de los datos.

- *Last Trade* indica el último precio que se ha negociado la acción durante la jornada actual.

- *Change* indica la diferencia entre el precio actual en comparación con el precio que cerró la acción el día anterior. Este valor puede ser positivo o negativo. En el caso de ser positivo, señala un aumento de precio con relación al de cierre del día anterior. Si es negativo, el precio decreció con relación al de cierre del día anterior.

- *Change %*, indica la relación del cambio de precio en términos porcentuales.

- *Today's High* indica el precio más alto al que se ha cotizado la acción durante la jornada.

- *Today's Low* indica el precio más bajo al que se ha cotizado la acción durante la jornada.

- *Bid* indica el precio mayor al que los especialistas están dispuestos a comprar la acción en el momento.

- *Ask* indica el precio mínimo al que los especialistas están dispuestos a vender la acción en el momento.

- *Open* indica el precio al que comenzó cotizándose la acción en la jornada.

- *Previous Close* indica el precio al que se cotizaba la acción al momento de cierre de la jornada anterior.

- *Volumen* indica el número acciones transadas durante la jornada.

- *Shares* indica la cantidad de acciones emitidas por la empresa.

- *Market Cap.* indica la capitalización de mercado de la empresa.

- *52 Week High* indica la cotización más alta que ha tenido la acción en las últimas 52 semanas.

- *52 Week Low* indica la cotización más baja que ha tenido la acción en las últimas 52 semanas.

- *EPS* sigla que significa **earning per share** (*ganancia por acción*). Este indicador financiero muestra la relación de los beneficios netos generados durante el año fiscal entre la cantidad de acciones emitidas por la compañía. Mientras más alto sea el número, mejor.

- *P/E Ratio* muestra la relación entre el precio actual de la acción y el EPS.

- *Div. Per Share* indica la cantidad de dividendos pagados. En caso de que su valor sea cero, significa que la compañía no distribuye dividendos.

La jerga de Wall Street

En los mercados de valores se habla constantemente de los animales que habitan en Wall Street. Es esencial conocer los dos que viven en la Bolsa: el oso y el toro. En realidad, no son más que símbolos para dar a entender la situación en que se encuentra el mercado de valores en un período determinado. Los osos son animales cautelosos y lentos, un mercado "de oso" (*bear market*) se presenta cuando los precios de las acciones han estado bajando. Por el contrario, un mercado "de toros" (*bull market*), indica que los precios han estado subiendo, al igual que ese animal, el mercado es agresivo y se mueve rápidamente.

El toro (*the bull*)

El toro es un término de la jerga de Wall Street que hace referencia a cuando las perspectivas económicas en los mercados son favorables y los precios de las acciones están en aumento.

Cuando los analistas utilizan el término **bull market**, quieren decir que el mercado se encuentra en una tendencia alcista en el que están aumentando las cotizaciones de la mayoría de las acciones. Cuando una persona es optimista sobre el futuro comportamiento de la Bolsa de Valores se le llama **bull**.

Cuando nos encontramos inmersos en un bull market, la compra de acciones parece una tarea fácil, ya que la mayoría de las acciones aumenta de precio día tras día. Este comportamiento de mercado ofrece una sensación embriagadora de felicidad, porque está la sensación de que todos los inversores ganan dinero. Cuando un bull market se prolonga por demasiado tiempo, las cosas se ponen a veces muy peligrosas y dan lugar a la formación de burbujas.

La ley de gravedad descubierta por Newton funciona en todos los ámbitos de la vida, incluyendo el mercado de valores. Todo lo que sube en algún momento debe bajar. Los inversores inexpertos compran al final del bull market, cuando las cotizaciones se encuentran en sus niveles máximos. Así, en el momento en que la burbuja explota, los que llegaron últimos a la fiesta son los que se convierten en los grandes perdedores. Los inversores expertos venden sus acciones cuando los precios de las acciones se cotizan muy por encima de su valor real.

El oso (*the bear*)

El oso es un término utilizado cuando las perspectivas económicas no son las mejores o cuando el mercado de valores se encuentra en una tendencia bajista. Todas las variables económicas muestran signos de debilidad, se vislumbra la antesala de alguna crisis o recesión.

Cuando las variables económicas muestran serias debilidades, los sentimientos de los participantes del mercado cambian, los analistas de Wall Street comienzan a predecir el apocalipsis de la Bolsa de Valores, el pánico se apodera de los mercados, la mayoría de los inversores se lanzan a vender sus acciones para evitar o disminuir sus pérdidas. El resultado de esto es que la oferta supera la demanda y las cotizaciones de los precios en las acciones tienden a la baja. Cuando la tendencia es bajista se llama **bear market**.

En un bear market, ganar dinero es un poco más complicado en comparación con el bull market. Los inversores más avanzados utilizan una técnica llamada venta corta (*short selling*), también conocida como venta al descubierto para ganar dinero en los mercados bajistas.

La venta al descubierto o venta corta (*short selling*) consiste en tomar prestada una acción determinada a nuestro corredor de Bolsa, luego las vendemos con la esperanza de que su precio continúe descendiendo, ya que más tarde podemos recomprarlas a un precio inferior para devolverlas a nuestro corredor de Bolsa. En esa técnica de inversión, las ganancias se obtienen de la diferencia entre precio al que la vendimos cuando las tomamos prestadas y el precio al que compramos cuando las entregamos de vuelta al corredor de Bolsa. Esta estrategia de inversión se explicará más adelante con más en detalles.

Los bonos:
Valores de renta fija

La frontera entre el éxito y el fracaso a largo plazo viene dada siempre por el respeto a las reglas de cada método de inversión, y por la buena gestión del riesgo para evitar que los momentos malos provoquen unas pérdidas que luego sean casi imposibles de remontar.

ENRIQUE GALLEGO

Introducción

Si mi teoría de la relatividad es exacta, los alemanes dirán que soy alemán y los franceses que soy ciudadano del mundo. Pero si no, los franceses dirán que soy alemán, y los alemanes que soy judío.

ALBERT EINSTEIN,
considerado el científico más importante del siglo XX

Los bonos son un instrumento de deuda utilizado por las empresas y los gobiernos con el propósito de financiar proyectos a largo plazo. Desde el punto de vista del inversor, los bonos representan un tipo de inversión conservadora por ser considerados más seguros que las acciones ordinarias. A través de los bonos, las empresas y gobiernos pueden recaudar grandes cantidades de capitales a cambio de ofrecer a los inversores el pago de interés por el uso de su dinero y la promesa de la devolución del principal.

¿Qué son los bonos?

Los bonos son un pedazo de papel utilizado para representar la deuda que una empresa o Gobierno ha contraído con un inversor. Los bonos son **emitidos** por las empresas y por los gobiernos (*issuer o borrower*) y son adquiridos por los **inversores** (*lender o bondholder*) en los mercados financieros.

La figura siguiente muestra certificado de bono emitido en el año 1880 por la empresa Midland Railroad Company of New Jersey por un valor nominal de 1,000 dólares y a una tasa de interés del 6 por ciento.

Existen diferentes tipos de bonos, pero en general todos tienen dos características básicas:

- El emisor (*issuer*) se compromete a devolver la suma total del dinero aportado por el inversor (*bondholder*), equivalente al valor nominal del bono en una fecha predeterminada.

- El emisor se compromete a pagar al inversor un interés fijo que puede ser trimestral, semestral o anual por el uso del dinero prestado.

Los bonos son un instrumento financiero que permite a las empresas y a los gobiernos captar fondos directamente de los mercados financieros. ¿Tomó usted alguna vez dinero prestado? Creo que con seguridad lo ha hecho, como casi todas las personas, muchos de nosotros hemos ido al banco a tomar dinero prestado para adquirir artículos para el hogar, cambiar el automóvil y comprar nuestra casa con una hipoteca.

Así como cualquier persona tiene necesidad de conseguir dinero prestado, de igual manera las empresas y los gobiernos en algún momento. Las compañías necesitan dinero para expandirse a nuevos mercados, y los gobiernos para construir obras de infraestructuras y para hacer programas sociales. El problema que tienen que enfrentar las empresas y los gobiernos es que en algunas ocasiones necesitan más dinero del que un banco puede prestarle. Los bancos no se muestran normalmente muy deseosos de prestar dinero por un período tan largo de tiempo, como 25 ó 30 años, y menos sin ninguna garantía directa de por medio, por lo que una empresa puede necesitar dinero en un momento dado, pero no desea poner en garantía sus activos, ya que podría usarlos para otro préstamo en un futuro.

La solución al problema de conseguir dinero en grandes cantidades se resuelve emitiendo bonos en los mercados financieros. De esta forma, las empresas y los gobiernos consiguen que miles de inversores les presten su dinero.

Nadie va a prestar gratis su dinero. El emisor de bonos está comprometido a pagarles a los inversores dinero extra por el privilegio de usar su capital por un período de tiempo determinado.

Este dinero extra que recibe el inversor toma la forma de intereses a una tasa y un tiempo de duración. La tasa de interés de los bonos también recibe el nombre de **cupón** (*coupon*). La fecha exacta en que el emisor debe devolver el capital prestado se conoce con el término **fecha de vencimiento** (*maturity date*).

Por ejemplo, si usted compra un bono a 10 mil dólares, que tiene un cupón de 8 por ciento y su fecha de vencimiento a 10 años. Eso significa que usted recibirá 800.00 dólares anuales por concepto de intereses por los próximos 10 años. Cuando el bono cumpla su fecha de vencimiento, usted recibirá los 10 mil dólares que invirtió.

La palabra bono se aplica a los diferentes tipos de deudas, generalmente a **largo plazo,** en la cual el préstamo está asegurado por un activo. Por ejemplo, una empresa alimentaria decide emitir 10 millones dólares en bonos para expandir su producción, el objetivo es construir una nueva planta. La compañía promete pagar los bonos en 20 años y pone como **garantía colateral** la misma planta procesadora de alimentos. Si la empresa en el futuro no puede hacer frente al pago de la deuda, más los intereses prometidos, entonces los inversores pueden, en un proceso de liquidación, reclamar la planta productora de alimentos para venderla. Así, con el dinero de la venta, podrán recuperar el principal invertido y los intereses no recibidos.

Cuando los bonos no están respaldados por ninguna garantía colateral se les llama obligaciones (*debenture*). Una **obligación** es una deuda respaldada por una **promesa de pago.** Si el emisor de bonos no cumple en el futuro con la promesa de pago de los intereses devengados y la devolución del principal, los inversores no tienen ninguna garantía específica que respalde su inversión.

La diferencia entre una acción y un bono radica principalmente en que el inversor de acciones es dueño de una parte de la compañía, mientras el de bonos es dueño de una deuda. Por lo tanto, si la empresa genera beneficios, el inversor de acciones disfruta de los dividendos distribuidos y la apreciación del precio de las acciones. En caso que la empresa genere pérdidas, el inversor de acciones puede no recibir ni un solo centavo en dividendos y sufrir pérdidas por la depreciación del valor de las acciones.

El inversor de bonos siempre está obligado a recibir el pago de sus intereses y la devolución del principal, sin importar que la empresa genere ganancias o pérdidas. El inversor de acciones tiene derecho a voto para elegir la junta de directores, mientras que el inversor de bonos no. La ventaja del inversor de bonos reside en su mayor prioridad a la hora de reclamar los activos en caso que la empresa se declare en bancarrota.

Características de los bonos

Valor nominal (*pair value or face value*)

El valor nominal o principal es la cantidad de dinero que el inversor recibirá cuando el bono cumpla la fecha de vencimiento. Usualmente, los bonos nuevos cuando son emitidos a los mercados financieros son vendidos al mismo precio que su valor nominal.

El valor nominal y el precio de los bonos son **dos cosas totalmente distintas**. El valor nominal es estático y el precio de los bonos es variable. Los precios de los bonos fluctúan dependiendo de ciertas variables que los afecta, principalmente **la tasa de interés** del mercado bancario.

El precio de los bonos depende de la relación entre la tasa de interés del bono y la tasa de interés de los préstamos bancarios que exista en el mercado al momento de la emisión de los bonos. Si la tasa de interés del bono es competitiva con relación a la tasa de interés del mercado, entonces los bonos son emitidos a un precio igual que su valor nominal. Si la tasa de interés del bono es menor a la tasa de interés del mercado, el precio del bono será menor que su valor nominal.

Cuando el precio de los bonos se encuentra en el mercado por encima de su valor nominal, se dice que el bono se está vendiendo a precio **preferencial** (*premium*). Lo contrario ocurre cuando el bono se está vendiendo a un precio por debajo de su valor nominal, se dice que el bono se está vendiendo a un precio con **descuento** (*discount*).

Cupón (*coupon rate*)

El cupón de un bono representa en términos porcentuales la cantidad de dinero que el inversor recibirá en forma de intereses. El cupón es lo mismo que la **tasa de interés**. Al momento de la emisión del bono, el valor nominal y el cupón son establecidos y se mantienen **invariables** hasta la fecha de vencimiento, cuando el emisor debe devolver la cantidad de dinero expresada en el valor nominal del bono.

La palabra cupón tiene su anclaje en el pasado. A los inversores adquirientes de bonos se les entregaba un certificado de papel que se llamaba cupón como prueba legítima de la propiedad del bono. Hoy, al igual que ocurre con las acciones, los inversores no reciben ningún tipo de papel, sino que la transacción se registra electrónicamente en los sistemas informáticos.

Fecha de vencimiento (*maturity date*)

La fecha de vencimiento expresa el momento exacto en que los inversores recibirán la cantidad de dinero expresado en el valor nominal del bono.

Calificación de los bonos (*bond rating*)

El sistema de calificación de los bonos indica la calidad crediticia de la empresa o Gobierno. Este sistema ayuda a los inversores a saber el riesgo que se está asumiendo al momento de invertir.

La calificación de riesgo es una métrica que sirve para medir las probabilidades que tiene un emisor de bonos de cumplir la promesa de la devolución del principal y los intereses prometidos. Dicho de otra manera, la calificación crediticia indica las probabilidades que tiene un emisor de caer en la categoría de default. Cuando una empresa es calificada en esta categoría, significa que no puede hacer frente a los pagos de sus compromisos, por lo tanto, se encuentra prácticamente en bancarrota. Por ejemplo, los bonos del Gobierno son mucho más seguros que los bonos de las empresas, el riesgo a que se declare en bancarrota (*default risk*) es mucho menor.

El **riesgo default** es la métrica que indica qué tan probable es que las deudas de una empresa no sean saldadas. En el caso de un Gobierno, el riesgo default es bajo, porque siempre contará con el flujo de efectivo proveniente de los impuestos como garantía de pago. Las empresas tienen un riesgo default mucho más alto porque las empresas deben ser rentables para poder pagar sus deudas, lo cual no siempre ocurre. Una compañía puede ser rentable en un momento y dejarlo de ser en otro.

Las calificaciones crediticias son computadas y publicadas periódicamente por empresas privadas como **Standard and Poor, Moody** o **Fitch**. Estas se dedican a calificar a las empresas y los gobiernos emisores de bonos de acuerdo con su capacidad para pagar el principal más los intereses en el tiempo correspondiente.

Las empresas calificadoras de riesgos utilizan un sistema simple de letras para identificar la seguridad con que un emisor de bonos va a cumplir las promesas de pago. La letra AAA es la calificación más alta, mientras que la C es la más baja. Los bonos clasificados con la letra C se consideran **bonos basura**, con ellos las probabilidades de que el inversor pierda su dinero son muy altas. Los bonos basura normalmente ofrecen el pago de altas tasas de interés con el fin de atraer potenciales inversores.

Los siguientes son los diferentes grados de calificación utilizados por la empresa Standard and Poor:

Letra	Calificación
AAA	Alta, extrema capacidad para pagar el principal y los intereses.
AA	Alta, cumple con todos los estándares, pero tiene un menor margen de protección que las AAA.
A	Mediana, tiene atributos favorables, pero es susceptible a los cambios económicos.
BBB	Mediana, tiene la capacidad de pagar el principal y los intereses, pero ante ciertas condiciones económicas adversas puede ser que presente problemas.
BB	Especulativa, con una protección moderada al pago del principal y los intereses en una economía inestable.
B	Especulativa, carece de todas las características deseables de una inversión en bonos, poca protección con el pago del principal y los intereses.
CCC	Emisión en default o en peligro de caer en default.
CC	Altamente especulativa y en default.
C	En default, es una inversión peligrosa, no paga intereses y el principal está en peligro.

Las entidades emisoras de bonos que tienen calificaciones AA o A tienen bonos con mejores rendimientos que aquellas con mejores calificaciones, como AAA. Esto es debido a que los bonos más riesgosos deben ofrecer a los inversores un **mayor rendimiento** (*yield*) como atractivo para que inviertan su capital en estos instrumentos financieros. Los bonos por encima de la calificación BBB se consideran inversiones seguras. Aquellos que su calificación es menor de BBB son considerados instrumentos **especulativos o bonos basura** (*junk bonds*).

Normalmente, mientras mayor sea el interés pagado por un bono, menor será la calificación crediticia del emisor, por lo tanto, mayor el riesgo asumido por el inversor. Las compañías con menos calificación crediticia deben ofrecer en el mercado mejores rendimientos que los bonos de mejor calificación para poder atraer potenciales inversores. No tendría sentido comprar un bono de calificación A que ofrezca un rendimiento de 6 por ciento anual, si fuera posible comprar bonos con calificación crediticia AAA que ofrecen el mismo rendimiento.

El rendimiento, el precio y otras confusiones

Los precios de los bonos varían constantemente, como lo hacen las acciones. Muchos inversores se sorprenden al saber que los precios de los bonos fluctúan todos los días. Un dato para señalar es que no lo hacen con la misma magnitud que las acciones.

Un inversor puede comprar y vender bonos en cualquier momento, de la misma forma que lo hace con las acciones. Cuando un inversor compra un bono, no está obligado a mantenerlo en su portafolio hasta la fecha de vencimiento. Puede venderlo en el mercado de valores en cualquier momento.

A continuación, los factores que ocasionan las variaciones de los precios de los bonos.

La mediación del retorno

Cuando se compra un bono a un precio superior o inferior a su valor nominal, se calcula el **rendimiento** (*yield*). Este índice es el indicador que muestra cuál será el retorno de la inversión de un bono. La fórmula para calcularlo es:

RENDIMIENTO = TASA DE INTERÉS / PRECIO DE BONO

Cuando se adquiere un bono al mismo precio que su precio nominal, el rendimiento es igual a la tasa de interés del bono.

Ejemplo. Si usted compra un bono que ofrece un tasa de interés del 10 por ciento, a un precio equivalente a su valor nominal mil dólares, el rendimiento será 10 por ciento (100/1,000). Si precio del bono baja a 800 dólares, el rendimiento será de 12.5 por ciento (100/800). Si el precio del bono sube a 1,200 dólares, el rendimiento será de 8.33 por ciento (100/1200).

Precio de mercado

El factor económico que más impacto ocasiona en los precios de los bonos es definitivamente la **tasa de interés**. Cuando sube, los precios de los bonos bajan. Así, el rendimiento de los bonos viejos sube. Cuando la tasa de interés baja, los precios de los bonos en el mercado suben. Al mismo tiempo, disminuyen el rendimiento de los bonos viejos y los bonos nuevos son emitidos con un cupón más bajo.

Tipos de bonos

Existen diferentes tipos de bonos en los cuales un inversor puede colocar su capital. Van a depender de varias características: el tipo de emisor, la tasa de interés, la duración del bono, el valor nominal y otros factores más.

Bonos del Gobierno

En sentido general, los bonos del Gobierno son clasificados de acuerdo con el tiempo establecido en su fecha de vencimiento.

Tiene tres principales categorías:

- Títulos (*bill*): son emisiones de deudas con vencimiento en un período menor a un año.

- Notas (*notes*): son las emisiones de deuda con vencimiento en un período entre uno y diez años.

- Bonos (*bonds*): son las emisiones de deuda con vencimiento en un período mayor a diez años.

Bonos municipales

Los bonos municipales son los bonos que emiten los Gobiernos estatales. Las posibilidades de que una ciudad completa se declare en bancarrota son remotas, pero puede ocurrir. Los bonos municipales se consideran **inversiones de bajo riesgo**. Su mayor ventaja es que la mayoría son libres de impuestos federales. Mejor aún, algunas ciudades emiten bonos exentos de impuestos para sus residentes, esto hace posible que algunos sean **totalmente libres de impuestos**. Debido a esto, su rendimiento normalmente es menor al de los bonos que no son libres de impuestos.

Bonos corporativos

Las compañías pueden emitir bonos de la misma forma que acciones. Los bonos corporativos tienen un rendimiento más alto que los bonos del Gobierno, ya que las empresas tienen más probabilidades de caer en default.

Cuando una empresa, Gobierno o ciudad cae en categoría default significa que no puede hacer frente a los compromisos contraídos con los acreedores, está en bancarrota. Los beneficios que un inversor puede obtener al comprar bonos corporativos en comparación con los bonos del Gobierno o bonos municipales son mayores. Esto es porque, al tener mayor exposición al riesgo con este tipo de bonos, deben ofrecer mejores rendimientos para atraer a los inversores.

La calificación crediticia es muy importante para las corporaciones a la hora de emitir bonos, mientras más alta sea la calificación crediticia, menor será la tasa de interés de sus bonos. Una empresa con alta calificación crediticia significa que los bonos de la empresa no tienen que ofrecer altas rentabilidades para atraer potenciales inversores.

Otras variantes de los bonos corporativos son los bonos convertibles (*convertible bonds*) y los bonos reclamables (*callable bonds*).

Los bonos convertibles brindan la opción al inversor de que, al momento de la fecha de vencimiento, tenga el derecho de canjearlo por acciones de la empresa a un precio preestablecido durante la emisión del bono.

Se trata de un producto de inversión compuesto por una parte de renta fija (bono) y una opción de conversión en renta variable (acción). El inversor recibe el pago de intereses hasta la fecha de vencimiento y después tiene la posibilidad de comprar acciones.

En teoría, un inversor puede llegar beneficiarse con las ventajas de la renta variable de las acciones (los dividendos y la apreciación), por su potencial de ganancia, y con la renta fija de los bonos (intereses), por la seguridad que proporciona.

Desde el punto de vista de las empresas, la emisión de bonos convertibles brinda ciertas ventajas, ya que pueden captar recursos a través de estos bonos sin diluir el patrimonio de los accionistas. Dado que la otra opción de financiamiento sería a través de la emisión de más acciones, esta práctica inevitablemente diluiría el patrimonio de los accionistas.

Otra ventaja es que el pago de intereses a los inversores de bonos es deducible de impuestos sobre las ganancias, porque el Gobierno permite contabilizar el pago de los intereses como un gasto de la compañía, en contraposición con el pago de dividendos que no es deducible de impuestos.

Finalmente, los intereses pagados por los bonos convertibles regularmente son más altos que los rendimientos de dividendos de las acciones ordinarias, pero menores a los intereses de los bonos no-convertibles.

Los bonos rescatables (*callable bonds*) son aquellos que el emisor tiene el derecho de pagar al inversor el valor nominal del bono antes de su fecha de vencimiento. En la actualidad la mayoría son de este tipo. Esta característica brinda al emisor bastante flexibilidad frente a los cambios continuos de las tasas de interés.

Por ejemplo, si la tasa de interés baja, la compañía puede rescatar los bonos para luego hacer una nueva emisión a una tasa más favorable en las condiciones del mercado. También, las compañías pueden decidir eliminar su deuda en cualquier momento que deseen. Cuando las empresas devuelven el principal antes de finalizar la fecha de vencimiento del bono, pagan un precio premium, es decir, un precio mayor al valor nominal.

Bonos coupon-zero

Este tipo de bono no paga ningún interés, pero son emitidos a precios por debajo de su valor nominal. Por ejemplo, un bono que su valor nominal sea 1,000 dólares y su fecha de vencimiento sea a 10 años puede cotizar, al momento de su emisión, a 600 dólares. Sin embargo el inversor recibirá 1,000 dólares en la fecha de vencimiento.

¿Cómo interpretar las informaciones de los bonos?

La información sobre bonos no es tan abundante en Internet, en comparación con las acciones. Esto es porque los bonos normalmente son comprados por inversores institucionales. La fuente más utilizada por los inversores individuales para conseguir datos sobre bonos es a través de sus corredores de Bolsa, quienes brindan a sus clientes la opción de invertir en bonos.

Podemos buscar las cotizaciones de bonos a través los siguientes sitios de Internet:

- http://money.cnn.com/data/**bonds**
- http://finance.yahoo.com/bonds
- http://www.treasurydirect.gov/
- http://www.bonds-online.com/
- http://www.bondsonlinequotes.com

Para buscar información sobre los bonos, abra su navegador en su computadora y entre a la siguiente dirección http://finance.yahoo.com/bonds, aquí encontrará el sistema Bond Center de la empresa Yahoo.

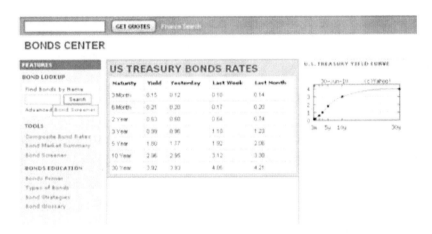

La opción **Bond Screener** nos permite realizar búsquedas avanzadas utilizando ciertos criterios.

Bond Center

Bond Center > Bond Screener

SELECT BOND TYPE

- ☐ Treasury
- ☐ Treasury Zero Coupon
- ☐ Corporate
- ☐ Municipal All States

SELECT BOND CRITERIA

Price:	Any		
Coupon Range (%):	Any Min	Any Max	
Current Yield Range (%):	Any Min	Any Max	
YTM Range (%):	Any Min	Any Max	
Maturity Range:	Any Min	Any Max	
Fitch Ratings Range:	Any Min	Any Max	
Callable:	Any		

Find Bonds   Clear

Esta página está dividida en dos secciones. En la primera, podemos elegir el tipo de bono que nos interesa buscar; y en la segunda, podemos escoger el criterio de selección de los bonos. Tenemos la opción de buscar cuatro tipos diferentes de bonos:

- *Treasury* son los bonos del Tesoro de los Estados Unidos.

- *Treasury Zero Coupon* son bonos del Tesoro que no pagan intereses.

- *Corporate* son los bonos emitidos por las empresas.

- *Municipal* son los bonos emitidos por los Gobiernos municipales. En este tipo de bonos tenemos la opción de escoger bonos emitidos por algunos de los estados de los Estados Unidos.

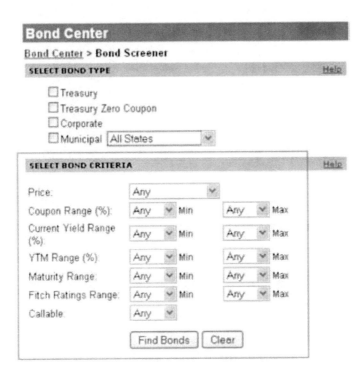

Como podemos ver en la figura arriba, en esta sección podemos realizar una búsqueda utilizando diferentes características de los bonos, como: precio, tasa de interés, rendimiento actual, fecha de vencimiento, tipo de calificación crediticia y si el bono es rescatable o no. Es posible buscar inversiones sobre bonos que se ajusten a cualquier necesidad de cualquier inversor.

Bond Center

Bond Center > Bond Screener

SELECT BOND TYPE

- [ ] Treasury
- [ ] Treasury Zero Coupon
- [x] Corporate
- [ ] Municipal All States

SELECT BOND CRITERIA

Price:	Any		
Coupon Range (%):	Any Min	Any Max	
Current Yield Range (%):	Any Min	Any Max	
YTM Range (%):	Any Min	Any Max	
Maturity Range:	Any Min	Any Max	
Fitch Ratings Range:	Any Min	Any Max	
Callable:	Any		

[Find Bonds] [Clear]

Vamos a realizar una búsqueda de ejemplo de bonos corporativos, para esto debemos hacer clic en la opción **Corporate**, luego sobre **Find Bonds**. En la figura siguiente se muestra el resultado de nuestra búsqueda.

Type	Issue	Price	Coupon(%)	Maturity	YTM(%)	Current Yield(%)	Fitch Ratings	Callable
Corp	FEDERAL NATL MTG ASSN	102 18	9 375	15-Jun-2010	63 061	3 306	AAA	No
Corp	FEDERAL HOME LOAN BANKS	102 10	3 000	11-Jun-2010	49 391	2 936	AAA	No
Corp	CATERPILLAR FINL CORP MTN	102 14	4 500	15-Jun-2010	49 483	4 406	A	No
Corp	CHASE MANHATTAN CORP NEW	102 29	7 875	15-Jun-2010	48 068	7 656	A	No
Corp	COASTAL CORP	102 30	7 750	15-Jun-2010	48 542	7 578	BB	No
Corp	DAIMLER CHRYSLER NORTH AMER HL	102 12	4 875	15-Jun-2010	47 805	4 774	A	No
Corp	DOMINION RES INC VA NEW	102 29	8 125	15-Jun-2010	47 937	7 940	A	No
Corp	DOW CHEM CO 3R INTERNOTES	102 13	3 800	15-Jun-2010	49 087	3 721	BBB	Yes
Corp	FORD MOTOR CREDIT CO LLC	102 26	7 875	15-Jun-2010	47 897	7 750	BB	No
Corp	GOLDMAN SACHS GROUP INC	102 10	4 500	15-Jun-2010	47 540	4 407	A	No
Corp	HSBC FIN CORP HSBC FIN	102 16	4 800	15-Jun-2010	48 827	4 696	A	No
Corp	HARTFORD FINL SVCS GROUP INC	102 23	7 900	15-Jun-2010	46 748	7 729	BBB	Yes
Corp	CIRCUS PETS CIRCUS LP	102 15	4 600	15-Jun-2010	48 610	4 505	A	No
Corp	FORD MTR CR CO CONT OFFER BC	102 26	8 760	21-Jun-2010	32 663	8 623	BB	No
Corp	RESIDENTIAL CAP CORP	101 75	8 375	30-Jun-2010	12 662	8 231	CCC	No

- *Type* indica el tipo de bono. En nuestro caso la búsqueda realizada fue exclusivamente de bonos corporativos.
- *Issue* señala el nombre de la entidad emisora.
- *Price* muestra el precio al que se cotiza el bono en el mercado. Debemos recordar que el precio del bono no necesariamente tiene que ser igual al valor nominal del bono.
- *Coupon* indica la tasa de interés que pagan los emisores de bonos a los inversores.
- *Maturity Date* muestra la fecha de vencimiento del bono.
- *YTM%* señala el rendimiento que tendrá el bono si el inversor mantiene su posesión hasta su fecha de vencimiento.
- *Current Yield* indica el rendimiento actual del bono.
- *Fitch Ratings* muestra la calificación de riesgo que recibió el emisor del bono de parte de la empresa calificadora Fitch.

Callable indica si el bono puede ser reclamado por el emisor antes de la fecha de vencimiento.

Riesgos asociados a los bonos

No existe la inversión ciento por ciento segura. A pesar de que, en sentido general, la inversión en bonos es considerada segura, esto no implica que los inversores no estén expuestos a ciertos riesgos.

Algunos riesgos asociados a las inversiones en bonos.

El riesgo de inflación

Lo asumimos sobre todo cuanto mayor sea el plazo de vencimiento. Si la tasa de interés del bono es de 5 por ciento anual y la inflación es de 8 por ciento anual, nuestro principal invertido estaría perdiendo valor a una velocidad de 3 por ciento anual. De este modo, nuestra inversión estaría teniendo un rendimiento negativo.

El riesgo de tasa de interés

Se debe a la variación del precio del bono ante cambios de la tasa de interés. Si el inversor compra bonos con el fin de mantenerlos hasta la fecha de vencimiento, el riesgo de las fluctuaciones del precio no debe ser una preocupación, ya que al final, cuando llegue la fecha de vencimiento, no importará cuál sea el precio del mercado que tenga el bono, el inversor recibirá la devolución del principal reflejado en el valor nominal.

Riesgo de reclamo

Hay bonos que tienen la opción que le permite a la entidad emisora reclamarlos antes de la fecha de vencimiento, lo que supone un riesgo para el inversor que contaba con el flujo de efectivos que le debía reportar la inversión, o que la empresa decida eliminar la deuda por una variación en la tasa de interés.

Riesgo de default

El riesgo de que la entidad emisora del bono se declare en bancarrota. Cuando esto sucede, la compañía entra en un proceso legal de liquidación de activos con el fin de pagar las deudas a los acreedores. Si la empresa estuvo en una mala situación financiera por un largo período de tiempo, puede ser que al momento de declarar la quiebra no le queden activos suficientes para cubrir todas las deudas contraídas, por lo tanto, el inversor de bonos puede verse en la situación de perder parte o la totalidad del capital. Hay que recordar siempre que el orden de prioridad de reclamo de los activos establece que los bancos comerciales son los primeros en la fila de espera, seguido por los tenedores de bonos, luego están los inversores en acciones preferentes y, por último, los que invirtieron en acciones comunes.

Riesgo de liquidez

Si un inversor tiene bonos que no tienen mucha liquidez, es decir, no existe en el mercado un flujo constante de compra y venta de estos valores, puede que en algún momento se vea forzado a venderlos, pero no encuentre compradores dispuestos a comprarlos. Como consecuencia, tendrá la necesidad de venderlos a un precio desfavorable con el fin de atraer a posibles compradores. Es importante para el inversor hacer las investigaciones de lugar sobre el nivel de liquidez que tienen los bonos antes comprarlos.

Los fondos mutuos:
El paraíso del inversor defensivo

*Puedo calcular los movimientos de cuerpos celestes, pero no la
locura de la gente.*

ISSAC NEWTON

Introducción

*No esperes el momento preciso en el que el mercado esté listo
para invertir. Empieza ahora. El mejor momento para sembrar un
roble fue hace 20 años. El segundo mejor momento es ahora.*

JAMES STOWERS,
fundador de American Century Investments

La idea original al momento de crear los fondos mutuos era
brindar el servicio a los pequeños inversores de que pudieran
invertir en la Bolsa de Valores sin tener que dedicar gran cantidad de tiempo y capacidad intelectual en la selección de sus
inversiones.

El primer fondo mutuo fue el Massachusetts Investors Trust
(en la actualidad MFS Investment Management) fundado el 21
de marzo de 1924. Al poco tiempo de su fundación contaba con
más de 200 inversores y 390,000 dólares en activos. Toda la industria de los fondos mutuos en esa época representaba alrededor de 10 millones de dólares.

Con el desplome de la Bolsa de Valores en 1929, el crecimiento de los fondos de inversión se detuvo. Llegada la recuperación económica en la década de 1940, se creó la Ley de Socie-
dades de Inversión que establecía las normas, requerimientos y
procedimientos que debían cumplir los fondos de inversión. En
la actualidad, los fondos mutuos están regidos bajo esta ley.

Cuando la confianza volvió a los mercados, los fondos de inversión comenzaron multiplicarse rápidamente. Ya para fines de la década de 1960, existían al menos 270 fondos que conformaban más de 48 mil millones de dólares en activos. En 2007, había 8.015 fondos de inversión registrados en la Investment Company Institute (*ICI*), una asociación de empresas de inversión en los Estados Unidos, que cuenta con un total de activos valorados aproximadamente en 12.356 mil millones de dólares. En 2008, el volumen de activos de los fondos de inversión a nivel mundial ascendía a más de 26 billones de dólares.

En teoría, los fondos mutuos parecen ser excelentes vehículos de inversión, pero en la práctica no siempre es así. No todos los fondos mutuos son iguales, por lo tanto, debemos estudiar bien las ventajas y desventajas que nos ofrecen.

¿Qué son los fondos mutuos?

Un fondo mutuo o fondo de inversión es una alternativa que consiste en reunir capital de distintas personas para invertirlos en instrumentos financieros, principalmente en acciones y bonos. En otras palabras, son compañías como cualquier otra, con la característica distintiva de que compran y venden activos financieros de otras compañías con el objetivo de generar beneficios para sus accionistas.

La selección de los activos financieros en los que es invertido el capital de todos los accionistas del fondo es llevado a cabo por una persona denominada **administrador del fondo**, quien debe ser un "experto" en temas de inversiones, principalmente, en los tipos de activos en los cuales el fondo se especializa en invertir.

La idea del fondo mutuo es agrupar una cantidad de inversores para invertir en una gran variedad y cantidad de acciones, bonos y otros instrumentos. Cuando una persona compra acciones de un fondo mutuo, se convierte en dueña de una parte del fondo.

Los inversores pueden percibir beneficios a través de tres maneras:

- Las ganancias generadas por los dividendos de las acciones y por los intereses de los bonos. Los fondos regularmente distribuyen entre sus accionistas todos los beneficios que son producto de sus inversiones durante el año.

- Si el fondo vende activos financieros a un precio a mayor que el invertido en ellos, la ganancia producida entre el precio de compra y el de venta se llama **ganancia de capital**, que es distribuida entre sus accionistas.

- Si los activos financieros propiedad del fondo suben de precio y el administrador los mantiene, ocasiona que las acciones del fondo aumenten también, por lo tanto, el inversor tiene la opción de vender las acciones a un precio mayor que lo invertido al momento que las adquirió.

Ventajas de los fondos mutuos

En sentido general, los fondos mutuos ofrecen dos grandes ventajas: la administración profesional de su dinero y la diversificación.

La administración profesional del dinero es la principal ventaja que ofrecen los fondos mutuos. Las personas que compran acciones de fondos mutuos son aquellas que regularmente no tienen el tiempo, ni las habilidades necesarias para la buena selección de activos financieros que permitan formar un portafolio de inversión que garantice la seguridad del principal y genere un adecuado rendimiento. Cuando nos referimos a un adecuado rendimiento, significa que las inversiones logren un retorno de la inversión conforme los principales índices de referencia, como DJIA y S&P 500.

La diversificación consiste en seleccionar grandes cantidades de activos financieros pertenecientes a diferentes compañías en sectores económicos diferentes. El objetivo es disminuir los riesgos, así cuando se produzcan pérdidas en algunas inversiones, puedan compensarse con las ganancias de otras. Por ejemplo, un fondo mutuo puede invertir al mismo tiempo en la compra de acciones de compañías como Microsoft, McDonald's, Alcoa y Home Depot. Todas estas empresas operan en sectores totalmente distintos. Microsoft en el sector tecnológico; McDonald's, de comida rápida; Alcoa, en el industrial; Home Depot, en el minorista. Lo que se intenta es no poner todos los huevos en una misma canasta. Los fondos mutuos le permiten al inversor individual que no cuenta con una gran cantidad de capital, diversificar su cartera de inversión entre muchas empresas de diferentes industrias y sectores.

Otras de las ventajas adicionales que ofrecen los fondos mutuos son la **economía de escala y la liquidez.** Como los fondos mutuos compran y venden acciones en grandes cantidades, el costo por transacción es mucho menor que los costos en que incurría un inversor individual por cada transacción. Al mismo tiempo, los fondos mutuos permiten convertir su inversión en dinero en efectivo en cualquier momento, con la simple venta de las acciones.

Diferentes tipos de fondos mutuos

No importa el tipo de inversor que seamos, en el mercado de valores existen tantos fondos mutuos que siempre habrá alguno que concuerde con su estilo de inversión. Sólo en Estados Unidos existen más de 10 mil fondos mutuos, esto significa que hay más fondos mutuos que acciones en la Bolsa de Valores.

Cada fondo mutuo tiene sus propias características de inversión: los tipos de activos, las zonas geográficas de las compañías, la estrategia utilizada, los objetivos del administrador del fondo, entre otros.

En la Bolsa de Valores cotizan sus acciones una cantidad tan grande de fondos mutuos que prácticamente es equivalente a cualquier necesidad, estilo o estrategia de inversión que cualquier inversor pueda tener.

Fondo de acciones ordinarias (*common stock fund*)

El portafolio de estos fondos de inversión está compuesto por acciones. A su vez, se dividen en dos subcategorías: fondos de crecimiento (*grow fund*) y fondos agresivos (*aggressive fund*).

Los fondos de crecimiento están compuestos por acciones de compañías que prometen un crecimiento a mediano y largo plazo superior a las demás empresas que cotizan en la Bolsa de Valores. Generan beneficios a sus accionistas a través de la apreciación de capital de las acciones en el portafolio.

Los fondos agresivos tienen portafolio compuesto por acciones de empresas pequeñas altamente especulativas que prometen un crecimiento espectacular en un tiempo determinado. Este tipo de compañías abundan en los sectores de alta tecnología y biotecnología. Son altamente especulativas, ya que, en la mayor parte de los casos, son compañías que se encuentran en su fase inicial de desarrollo. Estos fondos generan beneficios a sus accionistas a través de la apreciación de capital de las acciones en el portafolio.

Fondos de propósito especial (*special purpose funds*)

El objetivo de estos fondos es captar capitales de los inversores que tengan cierto interés en industrias especializadas, como por ejemplo: alta tecnología, biotecnología, oro o energías limpias.

Fondos de ganancias (*income fund*)

El portafolio de los fondos de ganancias está compuesto por acciones y bonos. El objetivo es lograr generar beneficios a los accionistas a través de los intereses generados por los bonos y los dividendos producidos por las acciones. Regularmente invierten en activos financieros de empresas de máxima categoría con calificaciones AA y AAA.

Fondos de bonos (*bond funds*)

El portafolio de los estos fondos está compuesto por bonos de alta categoría.

Fondos balanceados (*balance funds*)

El portafolio de estos fondos está compuesto por acciones y bonos. Invierten basados en la premisa de que en ciertos momentos las acciones prometen mejores rendimientos que los bonos, principalmente, cuando el mercado de valores está optimista y los precios están en una espiral alcista. En otras ocasiones, ocurre todo lo contrario, los bonos pueden ser más atractivos, ya que ofrecen mayor seguridad sobre el capital y un rendimiento superior a las acciones, especialmente en tiempos de incertidumbre económica, cuando existe alta volatilidad en los mercados.

Fondos de líquidos (*money market funds*)

El portafolio de estos fondos está compuesto básicamente por inversiones a corto plazo en certificados de depósito, bonos del Tesoro y papel comercial. Este tipo de inversiones es altamente seguro.

Fondos indexados (*index fund*)

El portafolio de estos fondos está compuesto por acciones de las empresas listadas en los principales índices de referencia, como el Dow Jones Industrial Average (DJIA) y el Standard and Poor 500 (S&P 500). Tratan de replicar el comportamiento de estos índices. Normalmente, la filosofía de los inversores de estos fondos es que no se puede lograr rendimientos superiores al mercado, por lo tanto, el objetivo es replicar el mismo comportamiento de mercado a un bajo costo.

Costos de los fondos mutuos

El principal problema que presentan los fondos mutuos son sus costos, que son los depredadores del retorno de la inversión que pueda tener un inversor, y esta es la razón por la cual la mayoría de los fondos termina casi siempre con un rendimiento mediocre en comparación con los principales índices de referencia.

Un aspecto a tener siempre en cuenta antes de invertir capital en un fondo mutuo es la forma en que estos esconden una serie de costos a través del uso de una jerga compleja.

Los costos de los fondos mutuos se pueden clasificar en dos categorías:

- Los costos anuales por mantener su inversión en el fondo.

- Los costos por transacción (*loads*)

Costos anuales

Los costos por mantener su inversión en un fondo son representados por un ratio llamado **management expense ratio** (MER), que está compuesto por:

- Los costos por contratar un administrador del fondo: es entre el 0.5 por ciento y el 1 por ciento de todos los activos del fondo. Esto significa si el fondo maneja un capital de 100 millones de dólares, el 1 por ciento es 1 millón de dólares, sólo en pago de sueldos para el administrador del fondo.

- Los costos administrativos por mantener empleados, servicios al cliente, etcétera.

- Un costo llamado 12B-1, que sirve para cubrir los gastos de promoción y publicidad del fondo.

En general, los costos de los fondos mutuos rondan en la industria entre el 0.2 por ciento hasta el 1.5 por ciento del capital administrado por el fondo.

Los costos por transacción

Los costos por transacción sirven para cubrir las comisiones de los corredores y vendedores del fondo.

- Costo de entrada (*front end loads*): cuando el inversor compra acciones de un fondo, esta operación tiene un costo del 5 por ciento del total invertido, es decir, si invertimos 10,000.00 dólares, debemos pagar 500.00 dólares al fondo, por lo tanto, nuestra inversión será en realidad de 9,500.00 dólares.

INVIERTA Y HÁGASE RICO EN LA BOLSA   141

— Costos de salida (*back end loads*): cuando el inversor vende las acciones del fondo antes de un tiempo establecido, debe pagar al fondo por esta transacción. Normalmente, el costo ronda el 6 por ciento antes del primer año, 5 por ciento en el segundo año y así sucesivamente.

Existen fondos mutuos que no cobran a sus clientes ningún tipo de costos por transacción. Sólo cobran a los accionistas el costo operacional del fondo. Al menos que el inversor tenga razones muy fuertes para invertir en fondos que tengan costos por transacción, se recomienda siempre invertir en fondos que no tengan este tipo costos.

¿Cómo interpretar las informaciones de los fondos mutuos?

Para buscar información sobre los diferentes fondos mutuos que cotizan sus acciones en los mercados de valores, sólo debemos entrar al sitio web de Yahoo Finance en la dirección http://finance.yahoo.com. Luego hay que hacer clic en la opción Investing, donde el sistema nos mostrará las diferentes opciones de inversión, después en Mutual Funds:

El sistema nos conducirá a otra pantalla donde tenemos la opción de realizar búsqueda de fondos mutuos utilizando dos criterios: el **símbolo del fondo** o el **nombre del fondo**:

MUTUAL FUNDS CENTER

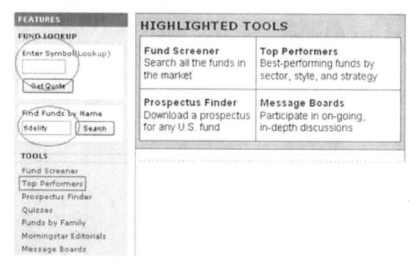

En nuestro ejemplo, utilizaremos la opción del sistema **Top Performers**, lo que nos mostrará los fondos mutuos que han tenido los mejores rendimientos en varios intervalos de tiempo. Luego el sistema nos indicará cuatro grandes categorías de fondos divididas en varias subcategorías. Las cuatros categorías principales en que el sistema de Yahoo tiene clasificados los fondos mutuos son las siguientes:

- *U.S. Stock Funds* se especializan en la inversión en acciones de empresas de los Estados Unidos.

- *International's Stock Funds* se especializan en la inversión de acciones de compañías internacionales.

- *Bonds Funds* se especializan en la inversión en bonos.

- *Hybrids Funds* se especializan en la inversión en acciones y bonos simultáneamente.

Dentro de cada clasificación tenemos múltiples categorías para escoger, dependiendo de nuestros objetivos y estrategias de inversión.

Si hacemos clic en la opción **U.S. Stock Funds**, el sistema nos mostrará una lista clasificada de los fondos que han tenido los mejores rendimientos en intervalos de tres meses, un año y tres años:

Top Performers - 3 Month		
Fund Name	**Symbol**	**Return**
ProFunds UltraSector Mobile Telecom Inv	WCPIX	40.78%
ProFunds UltraSector Mobile Telecom Svc	WCPSX	40.74%
Morgan Stanley Inst US Md Cp Value Inv	MPMIX	19.94%
MassMutual Select Emerging Growth S	MEESX	18.98%
MassMutual Select Emerging Growth L	MEGLX	18.82%
MassMutual Select Emerging Growth A	MMEGX	18.61%
Federated MDT Mid Cap Growth A	QAMGX	18.11%
Federated MDT Mid Cap Growth Inst	QIMGX	18.03%
Federated MDT Mid Cap Growth C	QCMGX	17.78%
Northern Mid Cap Growth	NCMGX	17.32%

Top Performers - 1 Year		
Fund Name	**Symbol**	**Return**
Delaware Pooled Small Cap Growth Eq	DPSGX	103.19%
Oceanstone Fund		100.88%

Top Performers - 3 Year		
Fund Name	**Symbol**	**Return**
Oceanstone Fund		47.08%
Van Eck Intl Investors Gold I	INIIX	22.90%
USAA Precious Metals and Minerals	USAGX	17.75%

Luego hay que elegir el fondo que se quiere evaluar. En nuestro caso, tomaremos como ejemplo el fondo **ProFunds UltraSector Mobile Telecom Inv,** para ver las cotizaciones de las acciones y poder interpretar algunas informaciones importantes. Hay que colocar el ratón sobre el símbolo **WCPIX** y el sistema nos indicará, de inmediato, las informaciones sobre este fondo mutuo:

- *Net Asset Value* presenta el precio al que se están cotizando las acciones del fondo.

- *Trade Time* muestra la fecha.

- *Change* indica de manera porcentual la diferencia entre el precio al que se cotizaba la acción en la jor-

MOBILE TELECOMMUNICATIONS ULTR

Net Asset Value:	**2.12**
Trade Time:	**Jun 30**
Change:	**↓0.03 (1.40%)**
Prev Close:	2.12
YTD Return*:	27.92%
Net Assets*:	4.92M
Yield*:	**N/A**

* As of 31-May-10

nada anterior, con relación al precio al que se cotiza en el momento de la consulta.

- *Prev Close* muestra el precio al que cerró la acción en la jornada anterior.

- *YTD Return* señala el porcentaje del retorno de la inversión anual que produce el fondo mutuo. La interpretación de este número asume que todas las ganancias derivadas de dividendos y ganancia de capital serán reinvertidas en el fondo.

- *Net Assets* indica la cantidad de activos que maneja el fondo. Este número se obtiene de multiplicar la cantidad de acciones emitidas por el fondo por el valor de las acciones.

Parte III:

Aprendiendo a invertir

El análisis fundamental:
La filosofía del inversor inteligente

*Quien invierta en acciones no debería estar demasiado preocupado
por las erráticas fluctuaciones en los precios del valor, puesto que a
corto plazo el mercado de acciones se comporta como una máquina
de votar, pero a largo plazo actúa como una báscula.*

BENJAMIN GRAHAM

Introducción

Gran parte de éxito se puede atribuir a la inactividad. La mayoría de los inversores no pueden oponerse a la tentación de comprar y de vender constantemente.

WARREN BUFFET

El análisis fundamental es un método de inversión que se basa en el análisis y estudio de todos los aspectos económicos, tanto cualitativos como cuantitativos que afectan el desempeño de las empresas, con el objetivo de encontrar el verdadero valor de una acción. Las fundamentalistas basan sus decisiones de inversión en los valores de diferentes variables macroeconómicas y principalmente en el estudio de los estados financieros.

A principio del siglo pasado, el análisis de valores era una actividad confusa y desordenada, ya que no se había creado ningún método lógico, ordenado y sistemático para la toma de decisiones de inversión. En ese momento, las decisiones se tomaban mayormente sobre la base de principios y supuestos sin ningún tipo de comprobación empírica. Esto da lugar a que la actividad se asemeje a un tipo de adivinanza o de juego de casino (lamentablemente, hoy esa es la imagen que perdura en la mente del público en general). Todo esto cambió a partir del lanzamiento de la obra *Security analysis* en el año 1934. Fue escrita por dos economistas e inversores profesionales, ambos profesores de la Escuela de Negocios de la Universidad de Columbia, Benjamin Graham y David Dodd (fundadores del análisis fundamental). Graham y Dodd, con un estilo pragmático y lógico, proyectaron una sólida estructura intelectual para la actividad de inversión a toda la comunidad financiera de Wall Street.

Los ciclos económicos y las políticas monetarias de los países afectan en gran medida el rendimiento de las compañías, por lo tanto, es de vital importancia entender una serie de conceptos que una vez asimilados, le ayudarán a tomar mejores decisiones de inversión.

Los estados financieros son los instrumentos contables que permiten examinar la salud financiera de una empresa y, a través de ellos, podemos determinar el valor intrínseco de una acción.

En este capítulo aprenderemos todo lo relacionado con el análisis fundamental, los ciclos económicos, las políticas monetarias y cómo estas afectan las variables macroeconómicas, que al mismo tiempo, impactan en el rendimiento de las empresas. Conoceremos cómo examinar paso a paso los tres principales estados financieros (estado de pérdidas y ganancias, balance de situación y estado de flujo de efectivo). Al final vamos estar en la capacidad de buscar los estados financieros de las compañías en la que nos interesa invertir, podremos estudiar y analizar cada uno de sus estados financieros para determinar si las acciones de una empresa son una buena inversión.

¿Qué es el análisis fundamental?

Si los mercados fueran eficientes,
yo estaría pidiendo caridad en la calle.
WARREN BUFFET

El análisis fundamental es una técnica de inversión que tiene como objetivo principal descubrir el **valor intrínseco** de una acción. Los analistas fundamentales se concentran en el estudio y análisis de los ciclos económicos, los estados financieros y las principales variables macroeconómicas que puedan afectar el desempeño futuro de las compañías. La tarea del analista fundamental es determinar la salud financiera de la compañía, no las fluctuaciones de los precios de las acciones.

El análisis fundamental como técnica de inversión nos ayuda a descubrir las respuestas a las siguientes preguntas:

- ¿Crecen constantemente los beneficios de la compañía?
- ¿Actualmente la compañía reporta beneficios?
- ¿La compañía actualmente tiene una posición en el mercado que le permita ganarle a la competencia?
- ¿Está la compañía en capacidad de pagar sus deudas?

– ¿Es la dirección de la compañía honesta con sus empleados, los suplidores y accionistas?

Puede que el analista tenga una cantidad de preguntas enormes que necesiten repuestas a partir del resultado de su análisis fundamental, pero en realidad lo más importante es si **son las acciones de esta compañía una buena inversión**. Piense en el análisis fundamental como una caja de herramienta para responder todas estas preguntas.

En general, Graham y Dodd recomiendan al inversor comprar acciones **cuando su precio está por debajo de su valor intrínseco**, para luego venderlas cuando se encuentren por encima de este. Basan su hipótesis en que el mercado de valores, en ciertas ocasiones, tiende a infravalorar y otras veces a sobrevaluar las acciones, debido a factores puramente psicológicos y emocionales de los participantes del mercado.

Cuando el mercado está optimista, los inversores se lanzan desenfrenadamente a la compra de acciones, debido a que las expectativas del futuro son halagüeñas y prometedoras. En ese momento, la demanda supera la oferta. Como resultado de este comportamiento, los precios de las acciones tienden incrementarse, lo que crea una tendencia alcista.

Lo contrario sucede cuando el mercado está pesimista, los inversores se lanzan desenfrenadamente a vender sus acciones, porque las expectativas del futuro han cambiado y ahora son oscuras e inciertas. La oferta de acciones supera la demanda y el resultado es una tendencia bajista.

Según Graham y Dodd, un inversor inteligente debe ver con buenos ojos los comportamientos y las oscilaciones **maníaco-**

depresivas que presentan los mercados con gran frecuencia, ya que le da la ventaja de realizar compras de acciones de empresas excelentes a precios de oportunidad en el momento que se encuentran infravaloradas. Luego, sólo será necesario esperar y venderlas a precios elevados cuando el mercado esté optimista y las este sobrevalorando.

La estrategia del inversor inteligente es buscar empresas infravaloradas. Es bueno invertir basándose en su valor fundamental, en lugar de dejarse llevar por las opiniones de terceros o por las tendencias del momento.

Graham y Dodd utilizan una figura imaginaria llamada señor Mercado para explicar de manera fácil y simple el comportamiento maníacodepresivo que causan los movimientos a corto plazo de los mercados.

El señor Mercado sufre una especie de problema neurótico, que hace que su humor cambie abruptamente desde un optimismo arrollador a una depresión absoluta. Cuando el señor Mercado se encuentra inmerso en un estado de depresión, vende su compañía a precios inferiores a su valor intrínseco y en los momentos de optimismo compra por encima de ese valor. Estos cambios en su valoración de las compañías se deben a sus cambios de humor, sin tener en cuenta el valor intrínseco de las acciones que vende.

Por lo tanto, un inversor inteligente puede tomar ventaja de estos cambios de humor del señor Mercado y comprar cuando se encuentra en momentos de depresión y vende muy barato, y vender en los momentos que el señor Mercado está eufórico y paga mucho por las acciones. En conclusión, estas fluctuaciones del mercado son una oportunidad para el inversor metódico.

Antes de introducirnos en el análisis de los estados financieros de una compañía, debemos revisar algunos aspectos cualitativos. Dado que, por definición, los aspectos cualitativos de una compañía son imposibles de cuantificar, incorporar estos factores como información para determinar el precio por pagar por acción puede ser una tarea bastante difícil. Al mismo tiempo, estos aspectos son tan importantes para la selección de nuestras acciones que no pueden ser ignorados.

FACTORES CUALITATIVOS

Los factores cualitativos influyen en los resultados económicos que pueda producir en el tiempo una compañía, pero no son mensurables. Son muy importantes.

El modelo de negocio

El modelo de negocio describe la forma en cual una compañía gana dinero. Una compañía debe necesariamente ganar dinero para mantenerse por mucho tiempo en el mercado y para que sus inversores puedan generar beneficios sustanciosos, de lo contrario, la compañía desaparecerá al poco tiempo y los inversores perderán todo su capital. Este planteamiento parece lógico y un poco pretencioso decirlo, pero la realidad es que en la Bolsa de Valores cotizan muchas empresas, especialmente en los sectores de tecnología de la información y biotecnología, que no tienen un modelo de negocio, es decir, son empresas basadas en ideas extraordinarias, pero **no ganan dinero**.

Antes de comenzar a estudiar los estados financieros de una compañía, la primera pregunta que hay que hacerse es ¿qué hace exactamente esta compañía? La respuesta a esta pregunta nos ayudará a entender a nivel macro cuál es el modelo de negocio.

Visitando la página web de las compañías podemos obtener informaciones relevantes acerca su modelo de negocio. Algunas empresas tienen un modelo de negocio simple, otras, por el contrario, más complicado. En cualquier caso, lo importante es entender cuál es el modelo de negocio. Si no lo comprende, significa está fuera de su **círculo de competencia**, lo que quiere decir que no hay que invertir en esa compañía.

El **círculo de competencia** de un inversor está compuesto por todos los conocimientos y habilidades que le permitan entender un negocio en particular.

Ventaja competitiva duradera

La ventaja competitiva duradera es un factor muy importante que los inversores deben tomar en cuenta a la hora de evaluar una compañía. Las empresas que tienen una ventaja competitiva duradera son aquellas que venden productos y servicios que son deseados por un mercado numeroso de consumidores. Entonces, estas pueden fijar precios a sus productos más altos que la competencia, sin tener que perder cuotas de mercado, lo que produce más beneficios. El éxito a largo plazo de una compañía está estrechamente relacionado con la habilidad de aumentar y mantener en el tiempo una ventaja competitiva duradera con respecto a su competencia.

La administración

La administración es una parte vital del negocio, ya que son estos los que toman las riendas de la operación diaria de la compañía, y sus decisiones determinan su futuro. Algunos grandes inversores llegan a afirmar que la administración es la parte más importante de una compañía. Muchas personas tienen grandes ideas todos los días, la parte complicada del asunto es ejecutarlas. Este es el trabajo de los directivos de la compañía. La preparación y la trayectoria de los directivos a través de su ejercicio profesional son factores que el inversor debe considerar a la hora de evaluar la administración. Lo más importante de todo es invertir en empresas que cuenten con directivos serios, capaces y honestos, que no engañen a sus empleados, ni al Gobierno, ni a la junta de directores. Los resultados de estas malas prácticas por parte de los directores son muy perjudiciales para el inversor.

Gobierno corporativo

El gobierno corporativo son todas las políticas y directrices establecidas dentro de la compañía, con el fin de establecer los deberes de la administración y la forma en que estos se relacionan con los accionistas. El objetivo principal del gobierno corporativo es establecer los mecanismos necesarios para asegurar que la empresa será dirigida de la forma más ética posible y para evitar fraudes, mal manejo contable y cualquier mala práctica empresarial.

En general, el gobierno corporativo establece reglas claras en tres áreas fundamentales:

– La estructura de la junta de directores.

– Los derechos de los accionistas.

– Transparencia de la información.

FACTORES CUANTITATIVOS

Los factores cuantitativos son aquellos que podemos medir dentro de una compañía. Nos brindan la información necesaria para hacer un diagnóstico general de la salud financiera de la compañía. Los factores cuantitativos más importantes que debemos tener en cuenta a la hora de evaluar una empresa son:

Clientes

Algunas compañías les brindan servicio a cientos de clientes, otras a millones. En general, no es una buena señal cuando las ventas de una compañía dependen de un pequeño número de clientes, ya que si algunos se retiran del mercado o deja de comprarle para irse con la competencia puede significar un impacto económico fuerte.

Cuota de mercado

Cuota de mercado es la fracción o porcentaje de consumidores que pertenecen a un mercado que está siendo suplido por la compañía. La cuota de mercado normalmente se expresa en porcentaje. El comprender cuál es la cuota de mercado de una compañía en determinado sector de la economía o industria es un dato muy importante, ya que nos brinda la idea de las dimensiones de la empresa. Por ejemplo, Cisco System es una empresa del sector de tecnología de información fabricante de equipos de redes de dados, es líder en su sector, tiene una cuota de mercado de más del 85 por ciento. Google es una empresa del sector de tecnología de la información que brinda servicios de búsqueda de información y publicidad por Internet, su cuota de mercado en este segmento de negocio es de 73 por ciento en los Estados Unidos.

Crecimiento de la industria

Uno de los indicadores más importantes a la hora de determinar el futuro crecimiento de una compañía es si dentro de la industria que esta opera el sector también crece. Eso es crucial, porque si el área no se expande, la empresa que quiera crecer tendrá que robarle cuota de mercado a la competencia. Lo importante es invertir en empresas que operen en mercados en crecimiento, ya que siempre habrá nuevos clientes.

Competencia

Con el solo hecho de estudiar el número de competidores que existe en una industria o sector, podemos determinar que tan competitivo es. Existen algunas industrias que no tienen grandes "barreras de entrada" para que nuevas compañías se establezcan en el sector, como consecuencia de esto, se crea una sobrecompetencia. Es difícil para una compañía generar grandes beneficios para sus accionistas bajo dichas condiciones. Una de las amenazas más grandes que tienen las compañías que operan en industrias altamente competitivas es que no tienen lo que se llama el poder de fijación de precios.

El poder de fijación de precios es la característica que permite a una compañía transferir el aumento de los costos sin disminuir los márgenes de beneficios. Sólo las empresas que operan en sectores no tan competitivos y que tienen una ventaja competitiva duradera pueden tener esta característica.

Críticas al análisis fundamental

Como toda escuela de pensamiento de cualquier rama del saber, esta tiene sus críticos. Los más duros provienen de dos grupos: los que proponen el **análisis técnico** y los académicos de la teoría del **comportamiento eficiente de los mercados**.

El análisis técnico es la otra gran rama del conocimiento para la selección de valores de inversión. Más adelante se abordará esta temática.

En general, los analistas técnicos basan sus decisiones de inversión en dos factores: el **precio de la acción** y el **volumen de movimiento**. Utilizando gráficos de distintos tipos y otras herramientas, compran y venden acciones sin importarles los fundamentos de las compañías que sustentan estas acciones. Justifican su técnica de inversión basados en el principio que supone que todos los fenómenos que afectan a una compañía, ya sean políticos, económicos, sociales, psicológicos, especulativos o de cualquier otra índole, están reflejados en el precio de la acción. Por lo tanto, al evaluar los precios de las acciones, se están analizando indirectamente todos los factores fundamentales.

Por otro lado, la hipótesis de eficiencia de los mercados afirma que el precio de una acción refleja toda la información conocida por los miembros del mercado y todas las creencias de los inversores sobre el futuro de la compañía. Esta teoría parte de la premisa de que todos los agentes que componen el mercado de valores (inversores individuales, inversores institucionales, corredores de Bolsa, bancos de inversión) toman sus decisiones de inversión todo el tiempo de manera racional. Esta hipótesis establece que no es posible lograr de forma consistente resultados por encima de la media del mercado, excepto a través de la suerte o de la información privilegiada. Sugiere también que el flujo futuro de noticias que determinará el precio de las acciones es aleatorio y que no es posible conocerlo por adelantado. La hipótesis de eficiencia de los mercados es una pieza central de la teoría de los mercados eficientes.

Los ciclos económicos

Los ciclos económicos son las oscilaciones recurrentes de la economía en las que una fase de expansión es seguida por otra de contracción, seguida por otra de expansión y así sucesivamente.

Los ciclos económicos están formados por cuatro fases:

- Auge
- Recesión
- Depresión
- Recuperación

A continuación analizaremos cada uno de estos ciclos.

Auge

La economía se encuentra en su punto más alto, opera a toda velocidad, es decir, las empresas están en su máxima capacidad en la producción de bienes y servicios, lo que significa un aumento el PIB (*Producto Interno Bruto*) de la nación; la tasa de desempleo es baja, implica que casi todas las personas en edad económicamente productiva tienen un empleo. La gente está feliz, la popularidad de los políticos de turno aumenta, la tasa de interés es baja, los bancos otorgan préstamos con poca o ninguna exigencia de garantías colaterales a sus clientes, en fin, las expectativas sobre el futuro de la economía son excelentes.

Recesión

Corresponde a la fase descendente del ciclo. En este punto los consumidores restringen los gastos superfluos, el consumo disminuye, la producción de bienes y servicios es afectada. Una consecuencia es el despido masivo de empleados de las empresas con el fin de disminuir los costos para no afectar la rentabilidad de los negocios. En la recesión se produce una caída importante de la inversión, la producción y el empleo.

Depresión

El punto más bajo del ciclo. Una economía en depresión se caracteriza por un descenso de la producción fuera de los parámetros normales, una reducción constante de gastos por parte de los consumidores, alto índice de desempleo, quiebras empresariales, quiebras bancarias sistemáticas, restricción del crédito e inestabilidad cambiaria que conducen a devaluaciones de las monedas nacionales de un país.

Recuperación

Es la fase ascendente del ciclo, se supera la crisis, todos los indicadores macroeconómicos muestran indicios de reactivación de las actividades económicas en los principales sectores, los consumidores se ponen optimistas, las inversiones comienzan a fluir, los bancos empiezan a flexibilizar sus políticas de crédito y la tasa cambiaria comienza a dar muestra de estabilidad. Todo esto influye de manera positiva en todos los agentes económicos, incluyendo a los consumidores que vuelven a gastar más dinero.

La política monetaria

La política monetaria es una política económica que utiliza la cantidad de dinero en circulación en la economía como mecanismo de control para asegurar y mantener la estabilidad. Las autoridades monetarias emplean mecanismos como la variación del tipo de interés, la variación del encaje bancario, la emisión y compra de bonos.

Las autoridades monetarias de una nación, dependiendo de la fase del ciclo económico en que se encuentre una economía, disponen de dos tipos de políticas monetarias: expansiva y restrictiva.

Las autoridades monetarias implementan políticas monetarias expansivas cuando en la economía hay poco dinero en circulación como resultado de una crisis o recesión. Para su implementación normalmente se toman las siguientes medidas:

- Reducción de las tasas de interés, con el objetivo de lograr que las empresas y los inversores individuales tengan acceso al crédito bancario más fácil.

- Reducción del coeficiente de caja o encaje bancario, para que los bancos tengan menos reservas y más dinero disponible para préstamos.

- Las autoridades monetarias se lanzan al mercado abierto para comprar deuda pública con el fin de inyectarle liquidez a la economía.

Por otra parte, las autoridades implementan políticas monetarias restrictivas cuando en la economía existe exceso de dinero en circulación (lo que provoca inflación en los precios de los bienes y servicios). Las siguientes medidas son algunas de las utilizadas por las autoridades monetarias:

- Aumento de la tasa de interés, con el objetivo de disminuir la cantidad de empresas e individuos que quieran tomar préstamos bancarios.

- Aumento del coeficiente de caja o encaje bancario, para que los bancos tengan más reserva de dinero y dispongan de menos dinero destinado a préstamos.

- Venta de deuda pública a través de la emisión bonos. Con la venta de los bonos, el Gobierno capta dinero en circulación de la economía, reduciendo así la masa monetaria de circulante.

Análisis de los estados financieros

Los estados financieros son instrumentos utilizados por las empresas para mostrarles a los interesados (inversores, accionistas, bancos, el Gobierno, entidades reguladoras y público en general) los resultados económicos llevados a cabo durante un período de tiempo determinado.

En los Estados Unidos todas las compañías que cotizan sus acciones en la Bolsa de Valores deben enviar toda la documentación financiera, incluyendo los tres estados financieros antes mencionados a la Security And Exchange Comission (SEC). Deben hacer públicos sus estados financieros cada tres meses y otro al final del año fiscal. Las empresas deben publicar tres estados financieros que son:

– Estado de pérdidas y ganancias (*income statement*)

– Estado de balance de situación (*balance sheet*)

– Estado de flujo de efectivo (*cash flow statement*)

El análisis de los estados financieros es una tarea que a simple vista para la mayoría de las personas no iniciadas en el mundo de las inversiones y en el análisis fundamental parece una tarea tediosa, difícil y complicada. En este capítulo, se dará cuenta de que es todo lo contrario, el estudio de los estados financieros es algo fascinante, divertido y fácil de comprender.

El inversor inteligente utiliza la filosofía del **análisis fundamental** como punto de partida para encontrar **compañías excepcionales** que le brinden altos retornos de la inversión por un **largo período de tiempo**. Las compañías excepcionales tienen su modelo de negocio basado en una o varias de las siguientes características:

- Venden un producto único

- Venden un servicio único

- Venden productos y servicios que el público necesita sistemáticamente.

Las compañías que cumplen con estas tres características tienen lo que llamamos una **ventaja competitiva duradera**. Esto es lo que permite que una empresa pueda ganar mucho dinero por un largo período de tiempo, convirtiendo a sus accionistas en personas muy ricas.

El lugar donde descubriremos si una compañía tiene o no la ansiada ventaja competitiva duradera es estudiando sus **estados financieros**. Los estados financieros de las compañías que cotizan sus acciones en la Bolsa de Valores los podemos encontrar en sus páginas web.

A continuación mostramos los pasos necesarios para obtener los estados financieros de las compañías a través servicio Yahoo Finance.

El primer paso es abrir su navegador web y escribir la siguiente dirección http://finance.yahoo.com. En la página hay que introducir el símbolo de la compañía que queremos buscar y luego pulsar el botón de **Get Quotes**. En nuestro ejemplo vamos a buscar los estados financieros de la empresa Source Fire, su símbolo en la Bolsa de Valores es FIRE.

Luego, el sistema mostrará el precio de las acciones más una serie de informaciones adicionales. En la parte izquierda inferior de la página se encuentra la opción de **Financials**, debajo de esta sección hay varios enlaces que guían a cada uno de los estados financieros.

A continuación, comenzaremos el análisis de los estados de pérdidas y ganancias, utilizaremos como ejemplo los estados de una empresa hipotética llamada XYZ.

El estado de pérdidas y ganancias

El estado de pérdidas y ganancias es un documento financiero que muestra de manera ordenada y detallada todas las pérdidas o las ganancias que tuvo una compañía en un período de tiempo determinado.

El estado de pérdidas y ganancias está compuesto por tres partes:

- Los ingresos
- Los costos
- Los ingresos netos

Los ingresos

Se muestran las cifras que representan los ingresos totales percibidos por concepto de ventas de sus productos o servicios, menos los costos de venta.

Los costos

Esta sección está compuesta por todos los costos no relacionados con las operaciones de venta. Aquí se detallan los costos asociados a la depreciación de los equipos, maquinarias y los activos inmuebles, la amortización de patentes, derecho de autor, propiedad intelectual, activos intangibles. También, los impuestos pagados, el pago de intereses de los préstamos bancarios, emisiones de bonos o cualquier tipo de deuda a corto y largo plazo.

Los ingresos netos

En esta sección se representan las ganancias menos todos los costos que tuvo la compañía. Esta cifra representa la ganancia real que obtuvo la empresa después de saldar todos sus compromisos, se incluye el pago de los impuestos.

En la figura siguiente, podemos observar un estado de pérdidas y ganancias de la compañía XYZ.

ESTADO DE PÉRDIDAS Y GANANCIAS DE LA COMPAÑÍA XYZ

Period Ending	DIC 31, 2009	DIC 31, 2008	DIC 31, 2007
Total Renenue	748,236	652,572	523,016
Cost of Revenue	113,845	106,126	80,653
Gross Profit	634,391	546,446	442,363
Operating Expenses			
Research Development	148,360	130,177	97,417
Selling General and Administrative	376,932	333,748	274,574
No Recurring	8,750		
Total Operating Expenses	534,042	463,925	371,991
Operating Income or Loss	100,349	82,521	70,372
Income from Continuing Operations			
Total Other Income and Expenses	21,317	43,809	60,420
Earnings Before Interest and Taxes	121,666	126,330	130,792
Interest Expenses	164	4,798	6,252
Income Before Taxes	121,502	121,532	124,540
Income Tax Expenses	34,249	42,811	47,873
Minority Expenses			
Net Income From Continuing Ops	87,253	78,721	76,667
No-Recurring Events			
Discontinued Operations			
Extraordinay Items			
Effect of Accounting Changes			
Other Items			
Net Income	87,253	78,721	76,667

A continuación analizaremos cada sección del estado de pérdidas y ganancias con el objetivo de que al final del capítulo hayamos aprendido a interpretar de qué se trata.

Ventas totales (*total revenue*)

Period Ending	DIC 31, 2009	DIC 31, 2008	DIC 31, 2007
Total Revenue	748,236	652,572	523,016
Cost of Revenue	113,845	106,126	80,653
Gross Profit	634,391	546,446	442,363

La primera línea en el estado de pérdidas y ganancias son las ventas totales que tuvo la empresa en un período de tiempo determinado. Estas cifras representan la cantidad de dinero producido como resultado de la actividad comercial propia de la empresa. El incremento continuo de las ventas, a través de los años, es un buen indicador de que la compañía no tiene problemas a la hora de producir dinero. Lo contrario nos indicaría que está teniendo problemas para vender, por lo tanto, debemos mantenernos alejados de este tipo de compañías.

En el caso de la compañía XYZ sus ventas totales para 2007 ascendieron a 523,016 dólares; en 2008, 652,572 dólares; y en 2009, 748,236 dólares. Como podemos apreciar, ha mantenido un ritmo de crecimiento en sus ventas de manera constante. Según nuestros cálculos, en 2008 sus ventas crecieron un 19 por ciento aproximadamente en comparación con 2007. En 2009, el aumento fue de 12 por ciento con respecto a 2008.

Costo de venta (*cost of revenue*)

Period Ending	DIC 31, 2009	DIC 31, 2008	DIC 31, 2007
Total Renenue	748,236	652,572	523,016
Cost of Revenue	113,845	106,126	80,653
Gross Profit	634,391	546,446	442,363

La segunda línea de estado de pérdidas y ganancias muestra las cifras de los costos de ventas. Estos son los costos en que incurre la compañía a la hora de vender sus productos o servicios.

El costo de venta, como un número aislado, no es de mucha utilidad para analizarlo, pero sí resulta esencial para determinar el margen bruto de beneficios que tiene una compañía, que sí es una cifra muy importante.

Beneficio bruto (*gross profit*)

Period Ending	DIC 31, 2009	DIC 31, 2008	DIC 31, 2007
Total Renenue	748,236	652,572	523,016
Cost of Revenue	113,845	106,126	80,653
Gross Profit	634,391	546,446	442,363

Los beneficios brutos son el resultado de las ventas totales menos los costos de venta. Estos datos por sí solos nos dicen muy poco sobre la compañía. El dato importante aquí es encontrar el porcentaje de margen bruto, que sí nos dice mucho sobre la naturaleza de la compañía.

La fórmula para obtener el margen bruto es:

BENEFICIOS BRUTOS / INGRESOS TOTALES = % DE MARGEN BRUTO

Las compañías que cuentan con alguna ventaja competitiva duradera pueden fijar los precios de los productos y servicios que venden muy por encima de los costos, por lo tanto, siempre mostrarán en sus estados de pérdidas y ganancias altos porcentajes de beneficios brutos.

Si una compañía carece de esa ventaja competitiva duradera, para competir en el mercado debe bajar los precios de sus productos y servicios con el fin de atraer clientes. Esto trae como resultado una reducción de los márgenes de beneficios y de la rentabilidad del negocio.

Las compañías que consiguen mantener un porcentaje de margen bruto del 40 por ciento o superior, en la mayoría de los casos tienen algún tipo de ventaja competitiva duradera.

En el caso de la compañía XYZ, su porcentaje de beneficios brutos fueron en el año 2007 de un 84 por ciento, en 2008 fue de 83 por ciento y en 2009 de 84 por ciento. Por lo tanto, la compañía XYZ supera por mucho el 40 por ciento considerado como punto de referencia para determinar si una empresa tiene una ventaja competitiva duradera.

COSTOS OPERATIVOS

Operating Expenses			
Research Development	148,360	130,177	97,417
Selling General and Administrative	376,932	333,748	274,574
No Recurring	8,750		
Total Operating Expenses	534,042	463,925	371,991
Operating Income or Loss	100,349	82,521	70,372

Los costos operativos son los que se desprenden de la operación del negocio. En esta categoría tenemos los costos de marketing, salarios, gastos en investigación y los gastos administrativos. Esta categoría también incluye los costos por amortización y depreciación.

COSTOS NO OPERATIVOS

Total de otras ganancias o pérdidas (t*otal other income and* *expenses)*

Income from Continuing Operations			
Total Other Income and Expenses	21,317	43,809	60,420
Earnings Before Interest and Taxes	121,666	126,330	130,792
Interest Expenses	164	4,798	6,252
Income Before Taxes	121,502	121,532	124,540
Income Tax Expenses	34,249	42,811	47,873
Minority Expenses			
Net Income From Continuing Ops	87,253	78,721	76,667

Cuando la empresa vende activos que no pertenecen a su inventario, el beneficio o la pérdida generada se registran bajo esta sección. Estas ganancias y pérdidas incluyen la venta de activos fijos, por ejemplo, propiedades inmobiliarias, plantas y equipos. También se incluyen los acuerdos firmados de licenciamiento de derechos autor y la venta de patentes.

Ganancias antes de intereses e impuestos (*earnings before* *interest and taxes, EBITA*)

Las ganancias antes de impuestos son aquellas obtenidas luego de deducir todos los gastos de ventas y operacionales, sin incluir el pago de los intereses y los impuestos sobre los beneficios.

Income from Continuing Operations			
Total Other Income and Expenses	21,317	43,809	60,420
Earnings Before Interest and Taxes	121,666	126,330	130,792
Interest Expenses	164	4,798	6,252
Income Before Taxes	121,502	121,532	124,540
Income Tax Expenses	34,249	42,811	47,873
Minority Expenses			
Net Income From Continuing Ops	87,253	78,721	76,667

Intereses (*interest expense*)

Income from Continuing Operations			
Total Other Income and Expenses	21,317	43,809	60,420
Earnings Before Interest and Taxes	121,666	126,330	130,792
Interest Expenses	164	4,798	6,252
Income Before Taxes	121,502	121,532	124,540
Income Tax Expenses	34,249	42,811	47,873
Minority Expenses			
Net Income From Continuing Ops	87,253	78,721	76,667

En esta sección se registran los costos por pago de intereses generados por las deudas que tiene la empresa. Mientras mayor sea el monto de la deuda, mayor será el pago de interés.

Las compañías con una ventaja competitiva duradera no pagan intereses y cuando llegan a hacerlo, abonan muy poco. Esto se debe a que normalmente ganan tanto dinero, que no tienen necesidad de recurrir a préstamos, por lo tanto, sus deudas son inexistentes. Las empresas que presentan una relación entre pagos de intereses y los beneficios antes de intereses e impuestos inferiores a un 15 por ciento, tienen alguna ventaja competitiva duradera.

En la compañía XYZ los pagos de interés representaron un 4.78 por ciento en el 2007, un 3.79 por ciento en 2008, mientras que en 2009 fue de un 0.13 por ciento.

Impuestos sobre las ganancias (*income tax expenses*)

Income from Continuing Operations			
Total Other Income and Expenses	21,317	43,809	60,420
Earnings Before Interest and Taxes	121,666	126,330	130,792
Interest Expenses	164	4,798	6,252
Income Before Taxes	121,502	121,532	124,540
Income Tax Expenses	34,249	42,811	47,873
Minority Expenses			
Net Income From Continuing Ops	87,253	78,721	76,667

Como todos los contribuyentes de una sociedad capitalista, las empresas están obligadas a darle un pedazo de su pastel al gobierno, a través del pago de los impuestos sobre las ganancias. En esta sección se registra la cantidad de impuestos abonados en un determinado período.

Ingresos netos (*net income*)

Net Income	87,253	78,721	76,667

Luego de deducir todos los gastos de ventas, gastos operativos, gastos financieros y los impuestos pagados, nos quedan las ganancias netas; es decir: el dinero real que ganó la compañía después de cubrir todos sus compromisos.

Algo muy importante a señalar es que una compañía con una ventaja competitiva duradera muestra unas ganancias netas con una tendencia alcista todos los años.

Una compañía que presenta constantemente un historial de beneficios netos superiores al 20 por ciento con relación a sus ingresos totales, tiene muchas posibilidades de alcanzar una ventaja competitiva duradera.

El balance de situación

El balance de situación (*balance sheet*) es el estado financiero en el que se registran todos los activos y pasivos que tiene la compañía. **Los activos** son todas las propiedades que posee una empresa, sean tangibles o intangibles. **Los pasivos** son las deudas de la empresa.

El balance de situación consta de tres partes fundamentales:

– Los activos

– Los pasivos

– Los activos netos.

Los activos y los pasivos son clasificados dentro del balance de situación de acuerdo a su nivel de liquidez, es decir, cuán fácil pueden ser éstos convertidos en dinero efectivo. Los activos y pasivos más líquidos están registrados primero, mientras que aquellos que su conversión a dinero en efectivo tarda un poco más (normalmente un período superior a un año) están en segundo lugar.

La sección de activos está dividida en **activos corrientes** (*current assests*), que son aquellos activos de rápida conversión a dinero en efectivo, y los **activos no corrientes** (*long-term assests*), como se denomina a aquellos que su conversión a dinero en efectivo puede tardar más tiempo, en promedio más de un año.

De esta misma forma, la sección de pasivos está divida en pasivos corrientes (*current liabilities*) y pasivos no corrientes (*long-term liabilities*). Los **pasivos corrientes** son las deudas que deben ser pagadas a corto plazo y su fecha de vencimiento regularmente es menor a un año. Los **pasivos corrientes**, en cambio, son aquellos que su fecha de vencimiento es mayor a un año. Es decir, se trata de las deudas que deben ser pagadas en un período mayor a un año.

Los activos corrientes incluyen el dinero en efectivo y otros activos fácilmente convertibles en moneda, tales como las cuentas por cobrar, los certificados de depósitos y el inventario de la compañía. En los activos no corrientes tenemos los edificios, los terrenos y las maquinarias que pertenecen a la compañía. Asimismo, dentro de los pasivos corrientes se encuentran las cuentas por pagar con los suplidores y todo compromiso cuyo vencimiento esté dentro del año fiscal. Dentro de los pasivos no corrientes están incluidas las hipotecas, los impuestos no pagados, los préstamos bancarios y acuerdos de *leasing*.

En la sección de activos netos se muestra el **patrimonio de la compañía**. Si sumamos todos los activos (corrientes y no corrientes) y les restamos todos los pasivos (corrientes y no corrientes), obtendremos el patrimonio neto de la compañía. Los fondos propios con que cuenta la empresa.

A continuación, estudiaremos cada una de las partes del balance de situación de la compañía XYZ.

BALANCE DE SITUACIÓN DE LA COMPAÑÍA XYZ

Period Ending		DIC 31, 2009	DIC 31, 2008	DIC 31, 2007
Assets				
Current Assets				
	Cash and Cash and Equivalents	760,774	662,726	677,720
	Short Term Investment		147,178	312,442
	Net Receivables	139,436	128,669	127,002
	Inventory		437	
	Other Current Assets	102,909	99,437	75,192
Total Current Assets		**1,003,119**	**890,832**	**1,192,356**
	Long Term Investment	209,411	183,363	365,243
	Property Plan Equipment	71,708	67,913	68,557
	Goodwill	438,749	438,109	340,314
	Intangible Assets	108,213	122,177	93,823
	Acumulated Amortization			
	Other Assets	39,672	51,242	6,121
	Deferred Term Assets Charges		25,985	13,568
Total Assets		**1,870,872**	**1,753,636**	**2,079,982**
Liabilities				
Current Liabilities				
	Accounts Payable	84,817	63,699	34,102
	Short/Current Long Term Debt			570,000
	Other Current Liabilities	481,450	382,950	365,646
Total Current Liabilitites		**566,267**	**446,649**	**969,748**
	Long Term Debt		35,432	
	Other Liabilities	24,081	35,432	20,261
	Deferred Long Term Liabilities Charges	169,472	165,502	138,782
	Minority Interest			
	Negative Goodwill			
Total Liabilitites		**759,820**	**647,583**	**1,128,791**
Stockholder's Equity				
Misc Stock Options Warrants				
Redeemable Prefered Stock				
Prefered Stock				
Common Stock		22	21	21
Retained Earnings		137,772	50,519	28,202
Treasury Stock		472,646	236,283	192,946
Capital Surplus		1,444,848	1,281,469	1,170,328
Other Stockholder Equity		1,056	10,327	1,990
Total Stockholder Equity		**1,111,052**	**1,106,053**	**951,191**
Net Tangible Assets		564,090	545,767	517,054

ACTIVOS CORRIENTES

Efectivo o equivalente a efectivo (*cash and equivalent*)

Period Ending	DIC 31, 2009	DIC 31, 2008	DIC 31, 2007
Assets			
Current Assets			
Cash and Cash and Equivalents	760,774	662,726	677,720
Short Term Investment		147,178	312,442
Net Receivables	139,436	128,669	127,002
Inventory		437	
Other Current Assets	102,909	99,437	75,192
Total Current Assets	1,003,119	890,832	1,192,356

En esta sección se muestra la cantidad de dinero en efectivo que tiene la empresa. También están incluidos aquellos activos que su conversión a efectivo puede ser fácil y rápida, como los certificados de depósito.

Una compañía que muestra en su balance mucho efectivo disponible puede ser el resultado de dos situaciones posibles:

- La compañía es muy rentable y está amasando una cantidad considerable de efectivo. Esto es una señal positiva, ya que normalmente las compañías que cuentan con esta característica poseen alguna ventaja competitiva duradera.

- La compañía ha vendido algún negocio o ha emitido bonos. En este caso, si la cantidad de dinero efectivo es significativa puede ser que la empresa tenga un rendimiento económico mediocre.

Una empresa con una gran cantidad de efectivo y pocas o ninguna deuda tiene muchas probabilidades de salir adelante en tiempos difíciles.

Inversiones a corto plazo (*short-term invesment*)

Period Ending		DIC 31, 2009	DIC 31, 2008	DIC 31, 2007
Assets				
Current Assets				
	Cash and Cash and Equivalents	760,774	662,726	677,720
	Short Term Investment		147,178	312,442
	Net Receivables	139,436	128,669	127,002
	Inventory		437	
	Other Current Assets	102,909	99,437	75,192
Total Current Assets		1,003,119	890,832	1,192,356

Estas son inversiones realizadas en las cuales la fecha de vencimiento es menor a un año. Las inversiones en acciones y bonos entran en esta categoría.

Cuentas por cobrar (*net receivables*)

Period Ending		DIC 31, 2009	DIC 31, 2008	DIC 31, 2007
Assets				
Current Assets				
	Cash and Cash and Equivalents	760,774	662,726	677,720
	Short Term Investment		147,178	312,442
	Net Receivables	139,436	128,669	127,002
	Inventory		437	
	Other Current Assets	102,909	99,437	75,192
Total Current Assets		1,003,119	890,832	1,192,356

Cuando efectúa una venta, la compañía tiene dos formas de cobrar: a **crédito** o bien **al contado**.

Cuando las ventas son al contado, los clientes pagan inmediatamente utilizando cualquier medio, ya sea efectivo, tarjeta de crédito o cheques. En cambio, en las ventas a crédito, los clientes tienen un tiempo de gracia. Regularmente, en las ventas a crédito las compañías conceden a sus clientes un tiempo de 30 ó 60 días. En algunos casos, el tiempo puede ser más extenso.

Las cuentas por cobrar se clasifican como activos corrientes, debido a que es un dinero que la compañía tiene pero no está todavía depositado en su cuenta bancaria.

Inventario (*inventory*)

Period Ending	DIC 31, 2009	DIC 31, 2008	DIC 31, 2007
Assets			
Current Assets			
Cash and Cash and Equivalents	760,774	662,726	677,720
Short Term Investment		147,178	312,442
Net Receivables	139,436	128,669	127,002
Inventory		437	
Other Current Assets	102,909	99,437	75,192
Total Current Assets	1,003,119	890,832	1,192,356

El inventario es la cantidad de productos que una compañía tiene disponible para la venta. En este renglón se muestra el valor en efectivo que tendría todo el inventario en caso de que éste se liquidara a precio de mercado.

Otros activos corrientes (*other current assets*)

Period Ending	DIC 31, 2009	DIC 31, 2008	DIC 31, 2007
Assets			
Current Assets			
Cash and Cash and Equivalents	760,774	662,726	677,720
Short Term Investment		147,178	312,442
Net Receivables	139,436	128,669	127,002
Inventory		437	
Other Current Assets	102,909	99,437	75,192
Total Current Assets	1,003,119	890,832	1,192,356

En ciertas ocasiones, las compañías realizan pagos por productos y servicios que serán recibidos en un futuro cercano menor a un año. Estos productos o servicios, al estar pagos aunque no se hayan recibido, forman parte de los activos de la empresa y se registran en este renglón del balance de situación. Un ejemplo, el pago de la prima de los seguros.

Activos corrientes totales (*total current assets*)

Period Ending		DIC 31, 2009	DIC 31, 2008	DIC 31, 2007
Assets				
Current Assets				
	Cash and Cash and Equivalents	760,774	662,726	677,720
	Short Term investment		147,178	312,442
	Net Receivables	139,436	128,669	127,002
	Inventory		437	
	Other Current Assets	102,909	99,437	75,192
Total Current Assets		1,003,119	890,812	1,192,356

Los activos corrientes totales son la suma de todos los activos corrientes que posee una compañía.

ACTIVOS NO CORRIENTES

Los activos no corrientes son aquellos no tan líquidos. Su conversión en dinero efectivo tarda, en promedio, más de un año. Entre los activos no corrientes tenemos los terrenos, las plantas, los edificios y las maquinarias.

Inversiones a largo plazo (*long term investments*)

Long Term Investment	209,411	183,363	365,243
Property Plan Equipment	71,708	67,913	68,557
Goodwill	438,749	438,109	340,314
Intangible Assets	108,213	122,177	93,823
Acumulated Amortization			
Other Assets	39,672	51,242	6,121
Deferred Term Assets Charges		25,985	13,568
	1,870,872	1,753,636	2,079,982

En esta sección se registran los valores de las inversiones a largo plazo. Las acciones, los bonos y los bienes raíces se consideran inversiones a largo plazo. Aquí también se registran las inversiones realizadas en las filiales y sucursales de la empresa.

Propiedades y plantas (*property plant and equipment*)

Long Term Investment	209,411	183,363	365,243
Property Plan Equipment	71,708	67,913	68,557
Goodwill	438,749	438,109	340,314
Intangible Assets	108,213	122,177	93,823
Acumulated Amortization			
Other Assets	39,672	51,242	6,121
Deferred Term Assets Charges		25,985	13,568
	1,870,872	1,753,636	2,079,982

En esta sección se registran los valores de los bienes inmuebles, plantas de producción y maquinarias, menos el costo por amortización.

La **amortización** representa la pérdida de valor en el tiempo de los activos materiales como consecuencia del uso. También se la conoce como **depreciación**.

Fondo de comercio (*goodwill*)

Long Term Investment	209,411	183,363	365,243
Property Plan Equipment	71,708	67,913	68,557
Goodwill	438,749	438,109	340,314
Intangible Assets	108,213	122,177	93,823
Acumulated Amortization			
Other Assets	39,672	51,242	6,121
Deferred Term Assets Charges		25,985	13,568
	1,870,872	1,753,636	2,079,982

El fondo de comercio es un valor intangible que posee una compañía. Representa los diferentes factores que conforman una empresa, como la cantidad y tipos de clientes, la eficiencia, la organización, el nivel de crédito, la experiencia en el mercado, el prestigio, sus relaciones comerciales, etcétera.

Una empresa, mientras se encuentre en funcionamiento, tiene un valor superior que la suma de sus partes individuales. Esto es, su valor es aún mayor que su patrimonio. En esta sección del balance de situación se registra ese valor intangible que posee la empresa.

Activos intangibles (*intangible assets*)

Long Term Investment	209,411	183,363	365,243
Property Plan Equipment	71,708	67,913	68,557
Goodwill	438,749	438,109	340,314
Intangible Assets	108,213	122,177	93,823
Acumulated Amortization			
Other Assets	39,672	51,242	6,121
Deferred Term Assets Charges		25,985	13,568
	1,870,872	1,753,636	2,079,982

Los activos intangibles son aquellos que no son físicos. No los podemos ver ni tocar, pero al mismo tiempo tienen un valor monetario. Entre estos tipos de activos podemos clasificar: las patentes, las marcas, las franquicias, el derecho de autor y similares.

En el balance de situación, las compañías sólo pueden registrar los activos intangibles que sean adquiridos a través de la compra a terceros. Si el activo intangible fue creado dentro de la empresa, su valor no puede ser registrado en el balance de situación. Esto se debe a que, en el pasado, algunas empresas registraban sus activos intangibles en el balance de situación con valores desproporcionados. Por lo tanto, ese tipo de práctica contable llevaba a que ciertas compañías reflejaran en sus balances de situación resultados no acordes con la realidad.

Otros activos (*other assets*)

Long Term Investment	209,411	183,363	365,243
Property Plan Equipment	71,708	67,913	68,557
Goodwill	438,749	438,109	340,314
Intangible Assets	108,213	122,177	93,823
Acumulated Amortization			
Other Assets	39,672	51,242	6,121
Deferred Term Assets Charges		25,985	13,568
	1,870,872	1,753,636	2,079,982

En esta sección se registran todos los activos que no se pueden clasificar como corrientes ni no corrientes, pero son propiedad de la compañía y son utilizados para las actividades comerciales. Entre éstos, podemos mencionar los seguros y la papelería.

Activos diferidos a largo plazo (*deferred long term asset charges*)

En esta sección se registran gastos sobre algún activo en que ha incurrido la empresa, pero no ha disfrutado del usufructo del mismo.

Long Term Investment	209,411	183,363	365,243
Property Plan Equipment	71,708	67,913	68,557
Goodwill	438,749	438,109	340,314
Intangible Assets	108,213	122,177	93,823
Acumulated Amortization			
Other Assets	39,672	51,242	6,121
Deferred Term Assets Charges		25,985	13,568
	1,870,872	1,753,636	2,079,982

Activos totales (*total assets*)

Long Term Investment	209,411	183,363	365,243
Property Plan Equipment	71,708	67,913	68,557
Goodwill	438,749	438,109	340,314
Intangible Assets	108,213	122,177	93,823
Acumulated Amortization			
Other Assets	39,672	51,242	6,121
Deferred Term Assets Charges		25,985	13,568
	1,870,872	1,753,636	2,079,982

Los activos totales son el resultado de la suma de todos los activos corrientes y no corrientes de la empresa.

PASIVOS CORRIENTES

Liabilities			
Current Liabilities			
Accounts Payable	84,817	63,699	34,102
Short/Current Long Term Debt			570,000
Other Current Liabilities	481,450	382,950	365,646
Total Current Liabilities	566,267	446,649	969,748

Los pasivos corrientes son todas las deudas y obligaciones que deben ser saldadas en un período de tiempo de hasta un año. Dentro de esta categoría están las cuentas por pagar, las obligaciones y los gastos anticipados.

Las cuentas por pagar son aquellas que se generan en el balance de situación cuando la empresa compra productos o servicios a crédito. Constituyen el dinero que la compañía debe a sus proveedores. También se encuentran las obligaciones (deudas) contraídas, pero que hasta el momento no se han efectuado los pagos correspondientes. Entre éstas podemos mencionar los alquileres, los salarios y los impuestos.

PASIVOS NO CORRIENTES

Long Term Debt		35,432	
Other Liabilities	24,081	35,432	20,261
Deferred Long Term Liabilities Charges	169,472	165,502	138,782
Minority Interest			
Negative Goodwill			
	759,820	**647,583**	**1,128,791**

Las pasivos no corrientes son las deudas que deben ser saldadas en un período mayor a un año. Lo importante a tomar en cuenta en este punto es que una compañía que tiene una ventaja competitiva duradera, estará en capacidad de pagar todas sus deudas a largo plazo en un período máximo de cinco años.

ACTIVOS NETOS

Stockholder's Equity			
Misc Stock Options Warrants			
Redeemable Prefered Stock			
Prefered Stock			
Common Stock	22	21	21
Retained Earnings	137,772	50,519	28,202
Treasury Stock	472,646	236,283	192,946
Capital Surplus	1,444,848	1,281,469	1,170,328
Other Stockholder Equity	1,056	10,327	1,990
Total Stockholder Equity	**1,111,052**	**1,106,053**	**951,191**
Net Tangible Assets	564,090	545,767	517,054

El patrimonio total de los accionistas (*total stockholder equity*)

El patrimonio de los accionistas es el resultado de restar todos los activos (corrientes y no corrientes) menos todos los pasivos (corrientes y no corrientes). Esta cifra representa el total de capital que reciben los inversores a cambio de sus acciones. Mientras mayor sea la cantidad de acciones poseídas, mayor será la porción del patrimonio a recibir. El patrimonio de los accionistas proviene de dos fuentes: la primera es el capital inicial invertido en la empresa, y la segunda son las ganancias retenidas acumuladas a través de los años.

Activos tangibles netos (*net tangible assets*)

	22	21	21
Stockholder's Equity			
Misc Stock Options Warrants			
Redeemable Prefered Stock			
Prefered Stock			
Common Stock			
Retained Earnings	137,772	50,519	28,202
Treasury Stock	472,646	236,283	192,946
Capital Surplus	1,444,848	1,281,469	1,170,328
Other Stockholder Equity	1,056	10,327	1,990
Total Stockholder Equity	1,111,052	1,106,053	951,191
Net Tangible Assets	564,090	545,767	517,064

Como su nombre lo indica, aquí se representa el valor de todos los activos tangibles, en otras palabras, son todos aquellos que podemos ver y tocar.

El resultado se obtiene de restar al patrimonio total de los accionistas el valor de los activos intangibles y el fondo de comercio. Al total de activos tangibles también se lo conoce como el valor contable (*book value*).

El estado de flujo de efectivo

El estado de flujo de efectivo es el documento contable que nos muestra cuánto dinero efectivo entra y sale de la compañía. La mayoría de las empresas utilizan un método de contabilidad llamado devengo. Este método permite contabilizar las ventas al momento que los artículos salen del inventario; en el caso de los servicios, cuando son concluidos. Debido a que la mayoría de las empresas conceden algún tipo de crédito a sus clientes, contabilizan las ventas a créditos como ingresos en la partida de *cuentas por cobrar* del estado de pérdidas y ganancias.

Como consecuencia, el método de devengo permite contabilizar las ventas a crédito como ingresos. Las empresas deben establecer mecanismos para darle seguimiento al efectivo que entra y sale del negocio: éste es el propósito del estado de flujo de efectivo. La correcta interpretación del estado de flujo de efectivo es determinante para entender los fundamentos de una empresa. Aquí, podemos darnos cuenta respecto a si una empresa puede cubrir los gastos de sus operaciones y crecer en el futuro.

Una compañía puede tener mucho efectivo entrante por medio de la venta de acciones y obligaciones, y no ser rentable. De la misma forma, puede ser rentable teniendo muchas ventas a crédito y poco flujo de efectivo entrante.

En el estado de flujo de efectivo descubriremos si una compañía produce más efectivo del que sale (flujo de efectivo positivo), o si gasta más efectivo del que produce (flujo de efectivo negativo).

La figura siguiente muestra el estado de flujo de efectivo de la compañía XYZ.

ESTADO DE FLUJO DE EFECTIVO DE LA COMPAÑÍA XYZ

Period Ending	DIC 31, 2009	DIC 31, 2008	DIC 31, 2007
Net Income	87,253	78,721	76,667
Operating Activities Cash Flow Provide by or Used By			
Depreciation	45,861	42,628	36,012
Adjustment to Net Income	21,947	29,274	12,714
Changes In Account Receivables	7,290	2,341	33,741
Change In Liabilitites	104,617	107,642	119,185
Change In Inventories			
Change In Other Operating Activities	2,861	19,485	7,761
Total Cash Flow from Operating Activities	255,249	236,439	203,076
Investing Activities, Cash Flow Provide by or Used by			
Capital Expenditure	28,420	24,485	41,797
Investment	243,091	322,773	10,959
Other Cash Flow from Investing Activities	4,692	152,072	17,400
Total Cash Flows From Investing Activities	276,203	146,216	70,156
Financing Activities, Cash Flow Provide By or Used By			
Dividens Paid			
Sales Purchase of Stock	133,061	21,975	51,645
Net Borrowings	900	565,627	2,142
Other Cash Flow from Investing Activities	11,855	2,698	61,247
Total Cash Flows From Financing Activities	110,247	539,163	11,744
Effect Of Exchange Rate Changes	3,771	5,664	5,817
Change In Cash and Cash Equivalents	127,430	162,172	150,481

El estado de flujo de efectivo se divide en tres partes:

- Flujo de efectivo proveniente de las operaciones
- Flujo de efectivo proveniente de las inversiones
- Flujo de efectivo proveniente de las actividades financieras

Flujo de efectivo proveniente de las operaciones

Period Ending	DIC 31, 2009	DIC 31, 2008	DIC 31, 2007
Net Income	87,253	78,721	76,667
Operating Activities Cash Flow Provide by or Used By			
Depreciation	45,861	42,628	36,012
Adjustment to Net Income	21,947	29,274	12,714
Changes in Account Receivebles	7,290	2,341	33,741
Change in Liabilitites	104,617	107,642	119,185
Change in Inventories			
Change in Other Operating Activities	2,861	19,485	7,761
Total Cash Flow from Operating Activities	255,249	236,439	203,076

En esta sección se registran todo el efectivo proveniente de las operaciones de la empresa tales como: efectivo proveniente de la venta de productos y servicios, pagos a suplidores y pagos de salarios a los empleados.

Flujo de efectivo proveniente de las inversiones

Investing Activities, Cash Flow Provide by or Used by			
Capital Expenditure	28,420	24,485	41,797
Investment	243,091	322,773	10,959
Other Cash Flow from Investing Activities	4,692	152,072	17,400
Total Cash Flows From Investing Activities	276,203	146,216	70,156

En esta sección se incluye el efectivo utilizado como gasto de capital para la compra de nuevos equipos y todo lo necesario para mantener las operaciones del negocio, tales como: compra y venta de activos (plantas, edificios, valores), compra de otras empresas, adquisiciones, fusiones y demás. Los gastos de capital son siempre un número negativo, ya que provocan la reducción del efectivo.

Flujo de efectivo proveniente de las actividades financieras

Financing Activities, Cash Flow Provide By or Used By			
Dividens Paid			
Sales Purchase of Stock	133,061	21,975	51,645
Net Borrowings	900	565,627	2,142
Other Cash Flow from Investing Activities	11,855	2,698	61,247
Total Cash Flows From Financing Activities	110,247	539,163	11,744
Effect Of Exchange Rate Changes	3,771	5,664	5,817
Change In Cash and Cash Equivalents	127,430	162,172	150,481

En esta sección se contabiliza el efectivo que entra y que sale, producto de las actividades financieras. Aquí se incluyen los dividendos pagados, la compra y venta de acciones, la compra y venta de obligaciones, y los préstamos recibidos por los bancos.

Al final del estado de flujo de efectivo tenemos el **cambio a efectivo o equivalente efectivo** (*change in cash and cash equivalents*), en el que se registra la cantidad total de efectivo real con que cuenta la compañía. Este resultado se obtiene de la suma del flujo de efectivo de las operaciones, el flujo de efectivo de las inversiones (que tiene un valor negativo) , el flujo de efectivo de las actividades financieras de la empresa y los efectos del cambio de moneda (*effect of exchange rate changes*).

Consideraciones sobre el estado de flujo de efectivo

A los grandes inversores no les gustan las compañías que registren en sus estados de flujo de efectivo elevadas cantidades de gastos de capitales, ya que mucho gasto de capital significa menos dinero para los accionistas. Las empresas en las cuales no es necesaria una inversión cuantiosa de capital tienen algún tipo de ventaja competitiva, como consecuencia, producen lo que los inversores llaman flujo de efectivo libre (*free cash flow*). El flujo de efectivo libre es el efectivo que produce la compañía sin la necesidad de tener que reinvertir una parte de éste en gastos de capital para el mantenimiento y el crecimiento de la compañía. Por lo tanto, este efectivo puede ir directamente a los bolsillos de los accionistas o puede ser utilizado para invertirlo en la adquisición de nuevas empresas.

El análisis técnico:
La filosofía del especulador

Sr. Mercado es un esquizofrénico a corto plazo, pero recupera su cordura en el largo plazo.

BENJAMIN GRAHAM

Introducción

Octubre. Este es uno de los meses donde es particularmente peligroso especular con acciones. Los otros son julio, enero, septiembre, abril, noviembre, mayo, marzo, junio, diciembre, agosto y febrero.

MARK TWAIN,
escritor y humorista estadounidense

En Wall Street existen dos escuelas de pensamiento para la selección de valores. Una es el análisis fundamental, la otra el análisis técnico.

Los proponentes del análisis fundamental, los llamados "fundamentalistas" estudian los estados financieros y otros factores económicos que afectan el desempeño de una compañía con el objetivo de descubrir su valor intrínseco. El **valor intrínseco** es el valor real o valor contable que tiene la compañía, en otras palabras es el precio que se pagaría por la compañía si la fuéramos a liquidar al día siguiente. Si el precio de las acciones se cotiza por debajo de su valor intrínseco, significa que posiblemente hemos encontrado una buena inversión.

Por otro lado, existen los proponentes del análisis técnico. El análisis técnico es una técnica de selección de valores que se basa en el estudio de gráficas y de las estadísticas pasadas, generadas por las actividades del mercado como son los precios y el volumen de las acciones. Los analistas técnicos no estudian los estados financieros para descubrir el valor intrínseco, sino más bien, utilizan gráficos y otras herramientas para tratar de predecir las tendencias que marcarán la evolución de los precios en el futuro. Dentro del análisis técnico existen dos grupos: los **chartistas** que estudian las gráficas para predecir las tendencias que tendrán los precios de los valores; y los **analistas técnicos** que estudian los precios pasados de los valores a través de diferentes herramientas estadísticas para predecir las tendencias futuras de los precios. En este capítulo estudiaremos los principios, las teorías y las diferentes herramientas que sustentan esta escuela del pensamiento bursátil.

¿Qué es el análisis técnico?

Es un conjunto de técnicas utilizadas para la evaluación de valores que se basa en el análisis de gráficas y de estadísticas para predecir las tendencias futuras de los precios. En Wall Street se les llama comúnmente **comerciantes** (*traders*) a las personas que negocian valores utilizando el análisis técnico como método de selección de valores.

La actividad propia de los comerciantes de negociar valores en la Bolsa se denomina **trading**. A los comerciantes se los considera **especuladores**, no inversores. Los **especuladores** negocian valores sin importar los fundamentos que los sustentan, ya que el objetivo es tener un beneficio a corto plazo comprando a un precio y vendiendo a otro. El análisis técnico se emplea en la actualidad para negociar cualquier tipo de valores bursátiles, ya sean acciones, bonos, derivados, futuros y divisas.

Una comparación entre el análisis técnico y el análisis fundamental ayudaría a entender mejor este método de selección de valores.

Desde el punto de vista del origen de la información, los analistas técnicos estudian los gráficos que representan el comportamiento de los precios en un período de tiempo regularmente corto (días, semanas y meses). También utilizan las estadísticas generadas por los precios y el volumen que las acciones han tenido en el pasado. Por otra parte, los fundamentalistas estudian los estados financieros de las compañías (el balance de situación, el estado de resultado y el estado de flujo de efectivo) con el fin de descubrir la salud financiera de la compañía y así hallar su valor intrínseco. Los analistas técnicos estudian el precio y el volumen de los valores, no sus fundamentos.

Los fundamentalistas por lo regular invierten a largo plazo, ya que cuando se compran valores por debajo de su valor intrínseco el mercado tarda un buen tiempo en reconocer su "valor real" y, por lo tanto, éstos deben ser pacientes ante la espera de que el mercado les dé la razón. Estas esperas pueden tardar meses, años e incluso muchos años. El análisis fundamental es considerado un método de inversión. A las personas que utilizan este tipo de método de inversión se les conoce como inversores.

Los analistas técnicos invierten a corto plazo, ya que el objetivo no es la inversión en sí misma, sino más bien, comprar valores para revenderlos tan pronto sea posible y de esta forma producir ganancias rápido. Estas operaciones se llevan a cabo regularmente a través del uso de herramientas informáticas (*software*) que le indican al especulador cuándo deben vender y cuando comprar.

Estos programas utilizan cálculos y formulas matemáticas complejas para detectar, en base a las estadísticas generadas por los movimientos de los precios de los valores, cuándo es el momento correcto para "entrar al mercado" (comprar) y cuándo es el momento para "salir del mercado" (vender).

El análisis técnico se basa en tres supuestos principales:

- El precio del mercado descuenta todo
- Los precios se mueven en tendencias
- La historia tiende a repetirse

El precio del mercado descuenta todo

Los analistas técnicos consideran que el precio de los valores está conformado por dos componentes: los **factores fundamentales** y los **factores psicológicos**.

Si los precios de los valores son el resultado de todos los factores fundamentales, que son aquellos aspectos económicos cualitativos y cuantitativos, más todos los aspectos psicológicos del mercado, como los sentimientos, las circunstancias y las expectativas que tengan los participantes del mercado en un momento determinado con relación al valor de una compañía, por lo tanto, no es necesario el análisis de dichos factores fundamentales. Dicho todo lo anterior, para los analistas técnicos, lo único que tiene importancia de un valor bursátil para ser analizado es el **precio** y, como tal, se trata del resultado de la **oferta** y la **demanda**.

Por lo tanto, los analistas técnicos son estudiosos de las causas que afectan a los precios (la oferta y la demanda) en los mercados bursátiles.

Los precios se mueven en tendencias

Para los analistas técnicos los precios se mueven en tendencia lo que significa que cuando el precio de un valor sube, los precios seguirán subiendo, y cuando bajan seguirán ese mismo camino. Las tendencias pueden continuar hasta que algún hecho concreto demuestre lo contrario.

La historia se repite

El dicho de que la historia se repite en el contexto del análisis técnico significa que los precios de los valores son cíclicos, debido a que la psicología que gobierna los participantes del mercado (inversores y especuladores) los conduce a actuar de una manera similar frente a los estímulos enviados por los mercados financieros. Por ello, se puede predecir si los participantes van a optar por vender o comprar, dependiendo de cierto comportamiento que tengan los mercados en un momento dado.

Teoría de Dow

Charles H. Dow es considerado el padre del análisis técnico bursátil. Nació en Sterling, Connecticut, el 6 de noviembre de 1851. Hijo de granjero, quedó huérfano a los 6 años. Fue periodista, fundador y primer editor del periódico *The Wall Street Journal* y cofundador, junto a Edward Jones, de la compañía Dow Jones, creadora del famoso índice bursátil Dow Jones Industrial Average (DJIA). Murió en 1902 en su casa de Brooklyn, en la ciudad de Nueva York.

Charles H. Dow nunca publicó una teoría en sí misma. Más bien, esta teoría nace después de su muerte, cuando un grupo de hombres decidió hacer una recopilación de unas 255 notas editoriales que Dow había escrito entre los años 1900 y 1902, en las que explicaba y analizaba las causas que provocaban las fluctuaciones de los precios de los valores bursátiles en los mercados financieros.

La teoría de Dow es el fundamento que da origen a lo que hoy se conoce como el análisis técnico de valores bursátiles. El objetivo principal de esta teoría es predecir la dirección futura de los precios de las acciones tomando como referencia el comportamiento pasado de los índices Dow Jones Industrial Average (DJIA) y el Dow Jones Transportation Average (DJTA).

Charles H. Dow establecía el principio de que la expansión de la actividad económica producía como consecuencia una mayor producción de las empresas industriales, que a su vez provocaba un aumento de las ventas y los beneficios de estas industrias, por lo tanto, el aumento de los beneficios derivaba en un crecimiento de la demanda de sus acciones y consecuentemente de la elevación del precio de las mismas. En conclusión, esta expansión producía un efecto dominó en los demás sectores de la economía, provocando que las demás empresas tuvieran más beneficios y mejoraran los precios de sus acciones cotizados en la Bolsa.

Esta teoría es el fundamento principal de lo que hoy se conoce como el análisis técnico de los valores bursátiles.

La teoría de Dow está basada en seis principios:

- Los mercados se mueven en tendencias
- Las tendencias de los mercados tienen tres fases
- El precio de las acciones tiene descontado todas las noticias
- Confirmación de las tendencias
- El volumen confirma las tendencias
- Las tendencias existen hasta que algún indicador demuestre lo contrario

Los mercados se mueven en tendencias

La teoría de Dow establece que los movimientos de los mercados son análogos a los movimientos que tienen las olas de mar. Primero existe un movimiento inicial o primera tendencia con una duración corta de tiempo (una hora o un día), luego le precede un movimiento intermedio, o segunda tendencia, que puede tomar dos o tres semanas para luego finalizar en un tercer movimiento, o tendencia principal, que puede extenderse por meses o años. Esta etapa principal es la que normalmente se denomina **bull market**, cuando la tendencia de los precios en general en los mercados es alcista y **bear market**, cuando la tendencia en general de los precios es bajista.

Las tendencias tienen tres fases

La primera fase es la de acumulación, donde los participantes mejor informados o los más astutos compran o venden los valores en contra de la tendencia general del momento. En esta fase los precios no fluctúan mucho, dado que los participantes mejor informados, y más astutos, son minoría. En caso de que estén vendiendo o comprando no pueden variar las tendencias de la oferta y la demanda en el momento.

La segunda fase es cuando los demás participantes se dan cuenta de los movimientos que están haciendo los participantes mejor informados y más astutos. A partir de aquí el mercado en general cambia la tendencia y los precios tienden a fluctuar de manera drástica durante esta fase. La tendencia continúa hasta que, en un momento dado, existe en el mercado una especulación rampante y peligrosa en la que los valores se negocian a precios sumamente altos. Los que compran al final de esta fase son los grandes perdedores.

La tercera fase es cuando los participantes mejor informados y más astutos retiran su dinero del mercado para colocarlo en otros valores. Allí, la tendencia se revierte provocando una nueva tendencia.

El precio de las acciones tiene descontada todas las noticias

Todas las noticias sean positivas o negativas se reflejan de inmediato en el precio de los valores. El mercado asimila de inmediato todas las noticias relacionadas con los valores, ocasionando así un ajuste de precios inmediatamente. En este principio la teoría de Dow coincide con la Hipótesis de los Mercados Eficientes.

Confirmación de las tendencias

La teoría de Dow expone que cuando dos índices siguen la misma tendencia, el mercado tiende a seguir dicha tendencia. Por lo tanto, cuando dos índices se combinan en una tendencia alcista, ésta se confirma. Lo contrario ocurre cuando dos índices siguen una tendencia bajista. Para probar este principio, Dow utilizaba los índices Dow Jones Industrial Average (DJIA) y el Dow Jones Transportation. Cuando un índice sigue una tendencia contraria a la tendencia del otro índice significa que el mercado está en una etapa de turbulencia o confusión, dejando entender la "no confirmación" de la tendencia general que seguirá el mercado. En este momento, el especulador debe esperar atento a la confirmación de la próxima tendencia.

El volumen confirma la tendencia

La teoría de Dow considera que cuando el volumen de negociación es elevado confirma la tendencia de los precios. A partir de este postulado se llega a la conclusión de que el volumen debe ir aumentando a medida que los precios se mueven en dirección a la tendencia y disminuirán a medida que los precios se mueven en la dirección opuesta. Por ejemplo, durante una tendencia alcista, el volumen debe incrementarse cuando el precio está subiendo y bajar cuando los precios comienzan a descender. Lo contrario ocurre cuando la tendencia bajista, el volumen debe incrementarse mientras los precios van disminuyendo y el volumen debe disminuir cuando el precio comienza a subir.

El aumento del volumen, cuando los precios se mueven en dirección a la tendencia, indica que los participantes del mercado tienen una mayor disposición hacia la compra o venta de un valor bursátil, dado que la creencia general es que la tendencia continuará. Cuando el volumen es bajo durante los períodos de corrección en el mercado, indica que los participantes del mercado no están dispuestos a la compra o venta del valor bursátil por considerar que la tendencia continuará.

La tendencia existe hasta que sea sustituida por otra tendencia

Hasta que los dos índices simultáneamente no demuestren lo contrario, se considera que la tendencia antigua seguirá su curso, a pesar de que algunas veces aparezcan señales de cambio de tendencia. Lo que intenta este principio es evitar que los especuladores compren o vendan sus valores bursátiles. Dicho en el lenguaje de los analistas técnicos: salgan y entren del mercado antes de tiempo, sin aprovechar al máximo la tendencia.

Las tendencias

Uno de los conceptos más importantes en el análisis técnico son las tendencias. En términos financieros una tendencia no es más que el comportamiento o evolución de los precios en los mercados financieros en general o de un valor específico. En el análisis técnico existen tres tipos de tendencia: **alcista, bajista y horizontal.** Para cada tipo los analistas técnicos han desarrollado un sinnúmero de estrategias para especular con valores.

En la figura a continuación podemos observar lo que sería una tendencia bajista (señalada por líneas azules) y una tendencia alcista (señalada por líneas rojas).

Se aprecia que las tendencias que siguen los precios de los valores no están constituidas por líneas rectas, sino más bien por un conjunto consecutivo de picos altos y bajos. De la misma manera se manifiestan las tendencias bajistas conformadas por un conjunto de picos bajos altos y picos bajos.

Las líneas de tendencia son una de las herramientas más importantes en el análisis gráfico. Una línea de tendencia al alza

es una línea recta que une los puntos mínimos consecutivos de una tendencia alcista, y por lo tanto, su valor aumenta a medida que se extiende a la derecha. Una línea de tendencia a la baja es una línea recta que une puntos máximos consecutivos dentro de una tendencia a la baja, por lo que su valor va disminuyendo a medida que se extiende a la derecha.

Tendencia alcista

Para trazar una línea de tendencia al alza se requiere que existan al menos dos puntos mínimos consecutivos mayores. Dos puntos equidistantes definen una línea recta, por lo que estos permiten señalar una línea de tendencia, que se debe prolongar a la derecha. A esta primera línea se la conoce como línea de tendencia tentativa.

Es necesaria la existencia de un tercer punto mínimo que continúe el recorrido de la línea de tendencia tentativa como confirmación de la existencia de una tendencia. A partir de ese instante, sí podemos considerar que la línea tentativa es una línea de tendencia válida.

Tendencia bajista

Para trazar una línea de tendencia a la baja el proceso es similar al trazado de una línea alcista. A partir de dos máximos puntos consecutivos menores, podemos trazar una línea de tendencia tentativa que deberá ser confirmada por un tercer punto máximo, obviamente menor que el segundo que confirme la línea de tendencia y de esta forma nos permita considerarla una línea de tendencia válida.

Tendencia horizontal o lateral

En una tendencia lateral los precios se mantienen en un rango más o menos estrecho. Generalmente las etapas laterales son momentos en los que los precios fluctúan de acuerdo a una formación de equilibrio que precede a etapas alcistas o bajistas.

Los tipos de tendencias (alcistas, bajistas y lateral) también se pueden clasificar por el tiempo de duración en tres categorías:

- Tendencia a largo plazo, cuando su extensión es por un período mayor a un año.

- Tendencia a mediano plazo, cuando se extiende entre uno y tres meses.

- Tendencia a corto plazo, cuando dura menos de un mes.

Para la identificación de las tendencias a largo plazo muchos analistas técnicos utilizan gráficos semanales. Para la identificación de las tendencias intermedias y a corto plazo utilizan gráficos que reflejan la evolución de los precios diariamente.

Es importante entender el concepto de tendencia y cómo identificarlas con el fin de poder operar a favor de ella y no en contra. Existe un dicho muy importante entre los analistas técnicos que dice: "La tendencia es tu amiga, no vayas en contra de la tendencia o te matará".

Cómo se traza una línea de tendencia

Para el trazado de una línea de tendencia deben existir suficientes pruebas que demuestren su existencia, tanto para las alcistas, como para las bajistas. Los siguientes son aspectos importantes que se deben considerar al momento de trazar una línea de tendencia.

— La definición de tendencia no importa si es alcista o bajista, es decir, no está relacionada con el concepto de línea de tendencia. Es por ello que si queremos trazar una línea de tendencia, ésta debe cumplir con la definición expuesta anteriormente, ya que en muchos casos encontraremos que no es posible trazar una línea de tendencia clara. De hecho, para la mayoría de las tendencias, ya sean alcistas o bajistas que se producen en el mercado, no tienen una línea de tendencia clara.

— Las líneas de tendencia al alza deben trazarse siempre por debajo de la gráfica, uniendo los puntos mínimos consecutivos, mientras que en el caso de las líneas de tendencia a la baja, siempre se deben trazar por encima de la gráfica para de esta forma unir los puntos máximos consecutivos.

— Dos puntos no son suficientes para afirmar que estamos ante una línea de tendencia, como condición obligatoria debe existir un tercer punto que confirme la existencia de una tendencia.

Los usos de una línea de tendencia

Una vez que se confirma una línea de tendencia con un tercer punto, y además el precio se ha desplazado en la dirección original, la línea de tendencia se convierte en una herramienta muy útil que nos servirá en varios aspectos. Si recordamos que uno de los principios del análisis técnico establece que una tendencia vigente, tenderá a continuar vigente. Por lo tanto, en el momento que una tendencia adquiera cierto ángulo o aceleración en la gráfica, ésta tenderá a mantener este comportamiento durante un período determinado. La línea de tendencia como herramienta nos puede indicar el posible fin que tengan los períodos de retroceso de más corto plazo, y nos señala el posible momento en que la tendencia estará cambiando de dirección.

Mientras una línea de tendencia no sea rota debemos asumir que la tendencia seguirá manteniéndose y que cualquier desplazamiento cercano a esta línea se debe interpretar como una señal de compra o venta dependiendo de la estrategia del especulador. Al momento que la línea de tendencia sea rota esto debe interpretarse como una señal de que la tendencia podría haber cambiado su curso, lo que significa en términos prácticos, que cuando en una tendencia alcista el precio cae por debajo de la línea de tendencia el especulador debe vender, lo mismo ocurre cuando la tendencia es bajista y los precios suben por encima de la línea trazada, entonces, el especulador debe comprar. El rompimiento de la línea de tendencia es una de las primeras señales que nos da el mercado sobre un posible cambio de tendencia.

Condiciones que determina la relevancia de una línea de tendencia

Debemos siempre tener presente dos condiciones para evaluar si una línea de tendencia es tentativa o real. La primera condición es el tiempo que ha permanecido la línea de tendencia vigente y la cantidad de veces que ha sido probada. Una línea de tendencia que continua vigente por más de cinco meses tiene una relevancia mayor que una que permaneció unos pocos días.

Una línea de tendencia que ha sido probada múltiples veces es más confiable que una que lo hizo solamente una o dos veces. Mientras más prolongada sea la línea de tendencia, más confianza inspira y su rompimiento se vuelve aún más importante para el especulador.

El ángulo de una línea de tendencia

El ángulo de inclinación de una línea de tendencia también es importante. En términos generales, las líneas de tendencia que inspiran más confianza son aquellas que su ángulo de inclinación tiende a aproximarse a los 45 grados. Una línea de tendencia con este tipo de inclinación demuestra que el avance o retroceso de los precios está en concordancia con el tiempo. Si el ángulo de la tendencia es demasiado inclinado, se entiende que el movimiento de los precios ha sido brusco. Por lo tanto, puede que haya ocurrido un suceso menor en los mercados que haya ocasionado ese movimiento y se entiende, de este modo, que la tendencia no será sostenida por un período prolongado. Un ángulo de línea de tendencia no muy inclinada o ligeramente plano implica que la tendencia podría ser débil y, por lo tanto, no es confiable.

Los conceptos

Soporte y resistencia son dos conceptos clave en el análisis técnico, ya que representan el punto donde las fuerzas de la oferta y la demanda se entrecruzan. En los mercados financieros los precios de los valores fluctúan debido a un exceso de oferta o exceso de demanda en algún momento. Oferta es sinónimo de *bear market*, demanda es sinónimo de *bull market*. Por ende, cuando la demanda supera a la oferta los precios tienden a subir; mientras que cuando la oferta supera a la demanda los precios disminuyen; y cuando la oferta y la demanda llegan a un punto de equilibrio, los precios tienden a mantenerse sin variaciones por un tiempo.

A continuación, estudiaremos algunos de los conceptos más importantes del análisis técnico como lo son: el soporte, la resistencia, el volumen, la ruptura, las correcciones y los canales. Todos ellos son usados a diario por los analistas técnicos para establecer sus estrategias de compra y venta de valores en los mercados financieros.

Soporte

El soporte es el nivel donde la demanda (compra) no permite que el precio continúe descendiendo. Esto significa que si los precios de un valor descienden en dirección hacia el punto de soporte, los compradores consideran el precio de oportunidad, mientras los vendedores no estarían inclinados a vender por debajo de ese precio.

En la figura siguiente, podemos ver cuando los precios descienden hasta 29 dólares por acción. La oferta disminuye y, por lo tanto, el precio no sigue descendiendo aun más.

Resistencia

Resistencia es el nivel de precio donde la venta (oferta) supera a la compra (demanda) del valor y los precios tienden a disminuir. Mientras los precios de un valor se dirijan hacia el punto de resistencia, la lógica indica que los vendedores estarán dispuestos a vender, mientras que los compradores no desearán comprar.

Cuando el nivel de precio se encuentra en la resistencia, la oferta supera a la demanda y los precios tienden a la baja.

Cuando los precios sobrepasan el nivel de resistencia, hay dos posibles razones: existe en el mercado una demanda aún más fuerte o los vendedores no tienen ningún incentivo fuerte para vender. Si los precios pasan el nivel de resistencia, lo más seguro es que los compradores hallan cambiado las expectativas con respecto al precio del valor y estén dispuestos a pagar un precio más alto. A partir de que el punto de residencia sea superado, el precio tendrá un nuevo punto de resistencia más alto.

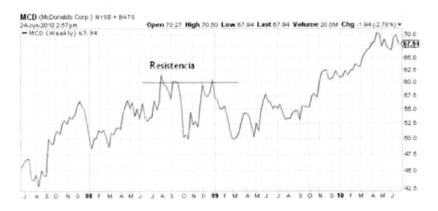

Para un analista técnico establecer los puntos de soporte y resistencia es una tarea vital, ya que le permite saber cuándo comprar o vender, evitando así pérdidas.

Mientras los precios continúen entre los puntos de soporte y resistencia es una confirmación de que la tendencia continuará.

Volumen

El volumen es la cantidad de valores negociados en un determinado período. Es una de las variables más importantes utilizadas por los analistas técnicos. El uso del volumen es de mucha utilidad para anticipar posibles cambios en la dirección de los precios. Una caída del volumen negociado puede indicar un cambio de tendencia.

Dentro del análisis técnico, además del precio, el volumen es un dato de gran importancia. El volumen también se mueve en tendencia, de la misma forma como lo hacen los precios. El volumen es otra de las herramientas utilizadas para predecir el comportamiento de los precios y determinar las tendencias.

La magnitud del volumen, como resultado de cualquier variación del precio, nos dará las señales necesarias para determinar la consistencia del movimiento. El volumen siempre debe acompañar la tendencia. En el análisis técnico existen ciertos momentos donde el volumen es determinante y requerirá un seguimiento especial por parte del analista para determinar los siguientes puntos:

- Desarrollo de formaciones gráficas
- Confirmación de formaciones gráficas
- Determinación de soportes y resistencias
- Trazar líneas de tendencias

El volumen debería siempre aumentar cuando sigue las tendencias de los precios. Por lo tanto, el volumen debería crecer si las tendencias son fuertes, sin importar si la tendencia es alcista o bajista. En ese mismo orden, el volumen debería disminuir en los momentos que los precios llegan a los puntos de resistencia en las tendencias alcistas y, contrariamente, disminuir cuando aquellos alcancen a los puntos de soporte en las tendencias bajistas.

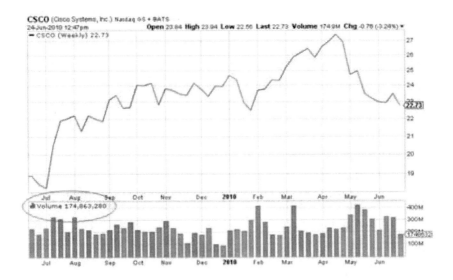

Ruptura

Una ruptura es el punto donde termina una tendencia. Cuando la ruptura ocurre en una línea prolongada, puede ser una señal certera de un posible cambio de tendencia.

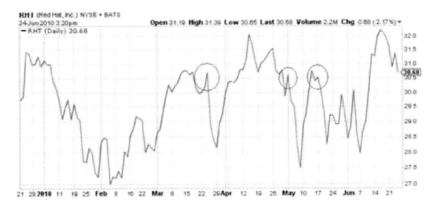

Canales

Un canal es una representación continua de soportes y resistencias, lo que significa que los precios tienden a subir y bajar en un rango determinando. La parte inferior y la parte superior de un canal regularmente se utilizan como niveles de soporte y resistencia. La validez de los puntos señalados como soportes y resistencias se afirman a medida que mayor es el número de veces que ambas líneas del canal sean tocadas por los niveles de precios y cuantas más veces sean confirmadas por el volumen. Sin importar la dirección del canal, éstos pueden ser de tres formas:

- – Canal alcista
- – Canal bajista
- – Canal horizontal o lateral

Canal alcista

Canal bajista

Canal horizontal o lateral

Herramientas gráficas

El instrumento más utilizado en el análisis técnico son los gráficos. Los especuladores que utilizan la interpretación de las gráficas como herramientas para la toma de decisiones de compra y venta de valores se denominan **chartistas**.

En Internet tenemos a disposición un gran número de sitios donde podemos generar cualquier tipo de gráficas. Los sitios, a continuación, son algunos de los mejores que tenemos a disposición de manera gratuita.

- http://www.freestockcharts.com

- http://stockcharts.com

- http://bigcharts.marketwatch.com

- http://www.clickcharts.com

- http://www.barchart.com

- http://www.stockta.com

- http://www.wikinvest.com

- http://finance.yahoo.com

La premisa en que se basa el análisis técnico mediante el uso de gráficos es que determinados comportamientos de los precios son repetitivos, es decir, se pueden extrapolar al futuro permitiendo al especulador anticiparse a los movimientos de mercado.

Los principales tipos de gráficos utilizados son:

– Gráfico de barras

– Gráfico lineal

– Gráfico de velas japonesas

Gráfico de barras

Los gráficos de barras son construidos indicando el precio de apertura de un período de tiempo. Posteriormente, se dibuja una barra que va desde el precio cotizado mínimo hasta el máximo, y luego se traza una pequeña marca hacia la derecha que indica el precio de cierre. Esto se repite en cada intervalo.

A continuación se muestra un ejemplo de un gráfico de barras.

Gráfico lineal

Estos gráficos consisten en una serie de puntos consecutivos. Por lo general, estos puntos representan el precio de cierre del valor negociado en un período específico. Este tipo de gráficos es utilizado mayormente por los especuladores que se enfocan únicamente en los precios de cierre de los valores. A continuación se muestra un ejemplo de un gráfico lineal.

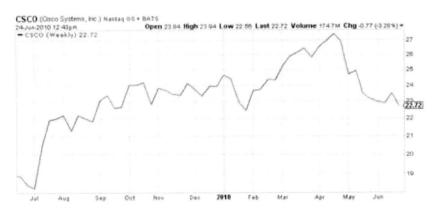

Gráfico de velas japonesas

En este tipo de gráfico la diferencia entre el precio de apertura y el precio de cierre de los valores se representa en forma de caja. Cuando la caja aparece en el gráfico sin colorear significa que el precio de cierre negociado en la jornada fue superior a su precio de apertura. Por lo contrario, cuando está coloreada, significa que el precio de cierre fue inferior al precio de apertura. La diferencia entre el precio de apertura y de cierre es representada por la longitud de la caja. A continuación se muestra un ejemplo de un gráfico de velas japonesas.

Herramientas estadísticas

Para que un análisis técnico sea de utilidad no sólo es suficiente identificar las tendencias, los soportes o las resistencias. También se debe determinar el momento correcto para entrar y salir del mercado. En otras palabras, identificar las señales que nos indiquen el mejor momento de compra y venta. Para lograrlo, los especuladores se basan en otra gran rama de análisis técnico llamada **análisis cuantitativo.**

El análisis cuantitativo se basa en el estudio de los precios y el volumen del pasado. Mediante el uso de formulas matemáticas y estadísticas se toman las decisiones de inversión. Con el uso de estas herramientas, los especuladores intentan predecir cuándo será ese momento indicado que les permitirá entrar o salir del mercado, identificar los posibles cambios de tendencias que puedan ocurrir y, además, estudiar los niveles de concentración en el volumen. La ventaja que brindan estas herramientas es la eliminación de la subjetividad del análisis gráfico.

El análisis cuantitativo se divide en dos principales categorías:

- Promedios móviles
- Osciladores

Promedios móviles

Los promedios móviles son herramientas estadísticas que indican el promedio del precio en un punto determinado de tiempo sobre un período definido. El promedio móvil es un indicador retrasado, por lo tanto, no indica necesariamente un cambio en la tendencia. Es común el uso de los promedios móviles combinando dos promedios de períodos de tiempo definidos.

Existen promedios móviles ampliamente utilizados entre los cuales podemos mencionar el **promedio móvil simple** y el **promedio móvil exponencial.**

Un **promedio móvil simple** es calculado en base a la suma de un número predeterminado de precios multiplicado por un cierto número de períodos de tiempo dividido a su vez entre períodos. El resultado es el precio promedio. Los promedios móviles simples emplean la misma ponderación para los precios. Son calculados usando la siguiente fórmula:

Promedio móvil simple = SUMA (precios de cierre) / n, donde "n" es el número de períodos.

Los promedios móviles se grafican generalmente en forma de líneas continuas sobre la gráfica de los precios, y se emplean de forma combinada de dos o más, con diferentes períodos de tiempo. Debido a que los promedios móviles son herramientas seguidoras de tendencias, resultan más útiles cuando existe una dirección definida en el mercado, es decir, en los periodos donde hay una tendencia alcista o bajista. Cuando la tendencia es lateral, es recomendable el uso de los osciladores para obtener las señales adecuadas.

La figura a continuación muestra de manera gráfica el resultado del cálculo de los promedios móviles del índice DJIA.

La línea azul muestra el resultado de promedio móviles del DJIA donde "n" tiene un valor de 50 y la línea roja es el promedio móvil donde "n" tiene un valor de 200.

Los osciladores

Un **indicador técnico** representa de manera gráfica la relación matemática que existe entre ciertas variables, como por ejemplo, el precio.

El **oscilador** es un indicador que muestra en términos de valor porcentual la relación entre las variables. Algunos analistas técnicos utilizan más de un oscilador de manera concurrente con el fin de aumentar las probabilidades de acertar para entrar y salir del mercado.

Dos de los indicadores más conocidos y utilizados son: el **RSI** (*Relative Strength Index*), que mide la fuerza en un momento determinado de la oferta y la demanda sobre un valor bursátil especifico; mientras que el otro es el **MACD** (*Moving Average Convergence-Divergence*).

El RSI es un indicador utilizado para medir la fuerza con que la oferta y la demanda actúan en un momento determinando. Se expresa de manera porcentual, es decir, su valor puede oscilar (moverse en un rango) entre el 0 por ciento y el ciento por ciento, siendo el 50 por ciento la zona neutra. La figura a continuación muestra la grafica del RSI con respecto al índice DJIA.

El MACD nos muestra si el precio se está acelerando o desacelerando. Dicho de otra forma, indica cuándo inicia y cuándo termina una tendencia.

Su resultado regularmente se representa gráficamente en forma de histograma con barras. Las barras pueden estar por encima o debajo de la línea horizontal de la gráfica.

La figura a continuación muestra la grafica del MACD con respecto al índice DJIA.

Otras herramientas de análisis técnico

Los analistas técnicos han desarrollado un gran número de indicadores y osciladores con el objetivo de predecir el comportamiento de los mercados. El estudio en profundidad de cada una de estas herramientas está fuera del alcance de este libro, pero a continuación le mostramos un listado completo de todas las herramientas de las que dispone un analista técnico a la hora de tomar sus decisiones de compra y venta de valores.

Herramientas estadísticas

- Moving Averages
- Bollinger Bands
- Ichimoku Clouds
- Keltner Channels
- Moving Average Envelopes
- Parabolic SAR
- Price Channels
- Volume by Price
- ZigZag

Indicadores y osciladores

- Accumulation / Distribution Line
- Aroon
- Average Directional Index (ADX)
- Average True Range (ATR)
- Bollinger Bands %B
- Bollinger Band Width
- Commodity Channel Index (CCI)
- Chaikin Money Flow (CMF)

- Chaikin Oscillator
- Detrended Price Oscillator
- Force Index
- MACD
- Money Flow Index (MFI)
- On Balance Volume (OBV)
- Percentage Price Oscillator (PPO)
- Percentage Volume Oscillator (PVO)
- Price Relative
- Rabbitt Q-Rank
- Rate of Change (ROC)
- Relative Strength Index (RSI)
- Slope
- Standard Deviation (Volatility)
- Stochastic Oscillator
- StochRSI
- TRIX
- Ultimate Oscillator
- Williams %R

Conceptos de inversión:
La piedra angular del inversor inteligente

El mejor momento para vender una empresa
excelente es nunca.
PHILIP FISHER

Introducción

A menos que puedas ver tus acciones caer un 50 por ciento sin que te cause un ataque de pánico, no deberías invertir en el mercado bursátil.

WARREN BUFFET,
el inversor más exitoso de todos los tiempos

La **inversión** es toda operación que, en base a un análisis minucioso, nos garantice la seguridad del principal más un adecuado rendimiento. En cambio, **la especulación** es la operación comercial que tiene como objeto tener un beneficio basado en las fluctuaciones de los precios. Un especulador sólo se fija en el precio a la hora de tomar la decisión de compra o venta. El objetivo es tener bien claro ambas definiciones para no entrar en la confusión de creer que estamos invirtiendo, cuando realidad estamos especulando y viceversa.

La **inflación** es el aumento continuo y prolongado de los precios en la economía. La **inflación** es la peor enemiga de la inversión, por lo tanto, a la hora de invertir debemos seleccionar aquellas acciones de compañías que nos generen ganancias a una tasa por encima de la inflación.

A nivel general existen dos tipos de inversores: **el inversor pasivo** y **el inversor activo**. El pasivo es aquel que no tiene el tiempo ni la inclinación para estar constantemente dedicando esfuerzo y tiempo necesario para la selección de una buena cartera de inversión. El inversor pasivo delega esta tarea en un tercero, normalmente a través de la compra de acciones de un fondo mutuo donde su dinero es administrado de manera profesional por expertos. El inversor activo, en cambio, es aquel que cuenta con el tiempo y la actitud necesaria para seleccionar su propio portafolio de inversión. ¿Cómo sabremos qué tipo de inversores somos? En este capítulo encontraremos las respuestas.

El tipo de inversor que seamos y nuestras circunstancias personales determinan el tipo de inversión que realizaremos. Éstas pueden ser de dos tipos: **ganancia de capital** o **flujo de efectivo**. Si contamos con la actitud, las condiciones económicas y el tiempo suficiente para esperar a que nuestras inversiones crezcan en valor, nuestra estrategia de inversión será para tener ganancia de capital. Si nuestro horizonte de tiempo es corto, necesitamos dinero mes tras mes y nuestras circunstancias personales no nos permiten esperar años para ver el retorno de nuestras inversiones. Nuestra estrategia de inversión será para tener flujo de efectivo.

Antes de invertir dinero en cualquier vehículo de inversión debemos conocerlo. Nunca debemos invertir en valores de empresas que no conocemos cuál es su modelo de negocio, es decir, la forma en que generan beneficios. Al conjunto de conocimientos que tiene una persona con respecto a una actividad comercial o empresa en particular se le conoce como el **círculo de competencia**. Un inversor inteligente siempre se mantiene realizando inversiones en las empresas y en los sectores que conoce, por lo tanto, están dentro de su círculo de competencia.

A partir del tamaño de nuestro círculo de competencia decidimos cuáles y en cuántas empresas debemos invertir, pero siembre desde una perspectiva empresarial.

La inversión es más inteligente cuando es empresarial, debido a que desde esta óptica de inversión estamos en la obligación de hacernos todas las preguntas que un hombre sensato de negocios se haría antes de elegir dónde invertir su dinero, ya que cuando compramos una acción de una compañía, no estamos comprando sólo un pedazo de papel, sino más bien somos dueños de una parte de un negocio real.

Antes de comprar las acciones de una empresa, debemos descubrir su **valor intrínseco**. El valor intrínseco representa el valor real de una acción en particular. Como podemos equivocarnos al momento de calcular el valor intrínseco de una acción, siempre debemos contar con el **margen de seguridad** adecuado para protegernos en caso de un error en nuestros cálculos y de las oscilaciones de los precios que se presentan en los mercados de valores.

El precio que pagamos por una acción determina la **rentabilidad** de nuestra inversión. Mientras mayor sea la rentabilidad más rápido recuperamos nuestro principal invertido y más beneficios obtendremos.

En este capítulo aprenderemos los conceptos fundamentales que nos permitirán desarrollar esa infraestructura intelectual necesaria para invertir inteligentemente en la Bolsa de Valores.

Inversión vs. especulación

El término inversión tiene muchas variantes dependiendo del contexto y el modo en que se utilice. La siguiente es una definición en el contexto del ámbito empresarial.

"Es el acto mediante el cual se adquieren ciertos bienes con el ánimo de obtener unos ingresos o rentas a lo largo del tiempo. La inversión se refiere al empleo de un capital en algún tipo de actividad o negocio con el objetivo de incrementarlo. Dicho de otra manera, consiste en renunciar a un consumo actual y cierto a cambio de obtener unos beneficios futuros y distribuidos en el tiempo".

La definición de inversión que proponemos al lector internalizar de manera permanente es la propuesta por primera vez en 1934 por el famoso inversor Benjamin Graham en su obra *Security analysis.*

"Una operación de inversión es aquella que, después de realizar un análisis exhaustivo, promete la seguridad del principal y un adecuado rendimiento. Las operaciones que no satisfacen estos requerimientos se consideran especulativas".

A continuación analizaremos de forma minuciosa la definición elaborada por Graham con el fin de lograr entender su profundo significado.

"Un análisis exhaustivo", se entiende que un inversor es aquella persona que debe dedicar suficiente **tiempo y esfuerzo intelectual** a la operación de inversión con el fin de lograr buenos resultados.

"Promete la seguridad del principal", se entiende que la operación de inversión debe asegurar la devolución del principal al final del período de la operación de inversión.

"Adecuado rendimiento", se entiende que el inversor debe esperar unas ganancias futuras razonables sobre el principal. Las ganancias derivadas de la operación de inversión deben ser, en el peor escenario, equivalente a la **tasa de inflación real** en un determinado período, permitiendo de esta forma mantener el poder adquisitivo real del principal invertido.

"Las operaciones que no satisfacen estos requerimientos se consideran especulativas", se entiende cualquier operación que no cumpla con todo lo antes descrito no es una inversión, sino más bien, una especulación. Resulta determinante la comprensión de la definición de Graham previamente expuesta, para no caer en el error de pensar que estamos invirtiendo en un momento determinado, cuando en realidad estamos especulando y viceversa.

Por otra parte, **la especulación** es el conjunto de operaciones comerciales o financieras que tienen por objeto la obtención de un beneficio económico, basado en las fluctuaciones de los precios. Un **especulador** es una persona que no busca disfrutar del bien que compra, sólo pretende beneficiarse de las fluctuaciones de su precio. El especulador toma sus decisiones basándose en el comportamiento de los precios, utilizando para ello herramientas estadísticas y gráficas. La especulación en la Bolsa de Valores no toma en cuenta los aspectos fundamentales de las compañías como son: los activos, los pasivos, el flujo de efectivo, los directivos, los productos, el mercado, etcétera. Al especulador no le interesa si la compañía produce o no beneficios.

Los especuladores, en sus operaciones, utilizan gráficos, fórmulas matemáticas y herramientas estadísticas para predecir el siguiente movimiento que tendrán los precios. A todo este conjunto de recursos utilizados para establecer predicciones en el mercado de valores se llama **análisis técnico**.

La inversión y la inflación

La inflación es un impuesto sin legislación.
MILTON FRIEDMAN,
economista estadounidense

La inflación es la peor enemiga de la inversión

La inflación es el aumento general y contínuo de los precios en el tiempo debido al aumento de la masa monetaria (dinero en circulación) en la economía, favoreciendo a una mayor demanda de bienes y servicios. Otras de las causas que provocan inflación es el incremento del coste de los factores de la producción (materia prima, energía, salario, etcétera).

Los economistas tienen diferentes puntos de vista acerca de los fenómenos económicos que producen inflación. Si bien en la actualidad no existe una teoría unificada que explique cuáles son las causas de la inflación, al menos sí se identificaron algunas razones principales:

- Inflación por demanda, es cuando la demanda general de bienes por parte de la población aumenta sin que el sector productivo haya tenido tiempo para adaptarse.

- Inflación de costos, es cuando los costos de mano de obra o materias primeras aumentan y los productores, con el fin de mantener los mismos márgenes de beneficios, aumentan los precios a los consumidores.

- Inflación autoconstruida, es cuando los productores predicen un aumento de los precios en las materias primas, por lo que suben los precios de los productos al consumidor.

Otra causa de inflación es cuando los gobiernos imprimen más dinero del necesario para reducir los déficits fiscales producidos como consecuencia del gasto público desproporcionado, excediendo los presupuestos establecidos. Algunas de las causas de estas malas prácticas son: malversación de fondos gubernamentales, guerras, terremotos, catástrofes, etcétera.

La inflación en sí, no es un fenómeno negativo en su totalidad. Todo depende de la cantidad de inflación anual que esté presente en la economía. Una inflación moderada significa que la economía de un país está creciendo, el crecimiento económico se traduce en la producción de más bienes y servicios, estos a su vez demandarán más circulación de dinero para poder ser adquiridos y consumidos por la población. Por lo tanto, más creación de riquezas. Las economías deben crecer anualmente para poder crear todos los bienes y servicios que los ciudadanos demandan y necesitan, ya sean por necesidades reales o ficticias.

Una recesión es el decrecimiento continuo y prolongado de las actividades comerciales de una economía a través del tiempo. En una economía en recesión el desempleo aumenta, se reduce significativamente el dinero en circulación y las tasas de interés suben, encareciendo al mismo tiempo el precio del dinero. Las recesiones son el terror de los políticos, ya que alteran en gran medida el orden social de un país.

Expuesto lo anterior, establecemos que la inflación no es un fenómeno de la economía que se deba etiquetar como negativo, siempre y cuando ésta sea manejada por los gobiernos bajo ciertos parámetros macroeconómicos aceptables.

La inflación se convierte en un fenómeno negativo cuando crece a un ritmo desproporcionado, más allá del crecimiento real de la economía, erosionando así el poder adquisitivo del dinero y provocando la destrucción de toda riqueza. La inflación es también llamada "un impuesto oculto", ya que nos quita un pedazo de nuestro patrimonio.

La inflación es la peor enemiga de la inversión. Por lo tanto, es de vital importancia para el inversor entender qué es la inflación y qué la provoca.

Todo inversor debe establecer estrategias de inversión que generen beneficios por encima de la tasa de inflación, si no esta acabará con el poder adquisitivo real de su capital. El dinero pierde valor a medida que pasa el tiempo como consecuencia del aumento de la inflación en la economía. El dinero que usted deposita en su banco, en su cuenta de ahorros, perderá valor por efectos de la inflación, si no crece a la misma velocidad con que aumenta la inflación.

Imagine que usted tiene actualmente en su cuenta de ahorros 100 mil dólares, el banco la paga una tasa de interés de 1 por ciento anual. Si la tasa de inflación en la economía es de un 5 por ciento anual, su dinero pierde valor a la velocidad de un 4 por ciento. Dicho de otro modo, al siguiente año sus 100 mil dólares tendrán un poder adquisitivo real por valor de 96,000 dólares. A los dos años tendrán un poder adquisitivo real por valor de 92,160 dólares. Como podrá comprobar la inflación destruye el poder adquisitivo de su dinero.

¿Cómo un inversor protege su capital de la inflación?

La repuesta correcta es seleccionando activos financieros (acciones o bonos) de empresas que logren un crecimiento anual (utilidades o beneficios) que superen la tasa de inflación.

Tipos de inversores

En general existen dos tipos de inversores: el **pasivo** o conservador y el **activo** o emprendedor.

La característica fundamental para saber qué tipo de inversores seamos no está determinada por la cantidad de conocimiento que se tenga sobre inversiones, ni tampoco por la cantidad de dinero, sino que se definirá por nuestro **temperamento** y nuestras **aptitudes**, las que establecerán si realmente somos inversores activos o pasivos.

Un inversor **pasivo o conservador** es aquel que no tiene el temperamento, ni la inclinación o cualquier otra causa para dedicar la cantidad necesaria de tiempo y esfuerzo intelectual para seleccionar las mejores opciones de inversiones. Este inversor pasivo o conservador deposita la confianza de su dinero en una tercera persona llamada **corredor de Bolsa** (*brokers*) para que tome y ejecute, en su lugar, las decisiones de inversión a cambio del pago de una comisión.

Por su naturaleza, el inversor pasivo o conservador debe desarrollar un portafolio de inversión compuesto por acciones de empresas sólidas, bien establecidas en sus mercados que tengan un historial registrado de beneficios constantes.

El inversor **activo o emprendedor** es aquel individuo con la actitud mental necesaria para dedicar tiempo y esfuerzo intelectual en la selección de los activos financieros disponibles en el mercado de valores, que a su juicio le reporten mejores beneficios que el mercado en general. Éste dedicará gran cantidad de tiempo y esfuerzo en la selección de valores con el fin de seleccionar aquellos que logran tasas de crecimiento por encima de la media del mercado.

En teoría, seleccionar aquellas empresas que parecen más prometedoras en el mercado de valores parece a simple vista una tarea muy fácil de lograr. En la práctica, son muy pocos los inversores que logran obtener, de sus inversiones, rendimientos mejores que la media del mercado. Lograr tasa de rendimientos por encima de la media del mercado en general requiere que el inversor sea más inteligente que todos los inversores individuales, institucionales, fondos de pensiones y todas las instituciones y bancos de Wall Street juntos. Todas estas instituciones invierten millones de dólares anualmente en personal altamente calificado para la selección de los mejores activos financieros para sus clientes y, además, tienen a su disposición los mejores sistemas de información disponibles. Con todo ese arsenal de herramientas y personas dedicadas exclusivamente a tratar de seleccionar las mejores inversiones, son pocos los bancos e inversores institucionales que logran superar la media del mercado.

Ganancia de capital vs. flujo de efectivo

La **ganancia de capital** es la diferencia entre el precio que pagó por su inversión y el precio que obtiene cuando la vende, en caso de que el valor de venta sea mayor.

Si un inversor tiene disponible 10 mil dólares y los invierte en la Bolsa de Valores comprando acciones de la compañía Microsoft (MSF) a un precio de 30.86 dólares cada acción, adquiriría 324 acciones aproximadamente. Si en un año el precio de las acciones de Microsoft (MSF) subiera y se cotizaran a 40.00 dólares por acción, y el inversor decidiese vender las acciones, obtendría un monto de 12,296.00 dólares (40 x 324). Restando el precio de venta menos el precio de compra obtenemos como resultado la ganancia de capital.

Ganancia de capital = 12,296.00 − 10,000.00

Ganancia de capital = 2,296.00

El **retorno de la inversión** (*return of investment, ROI*) es un porcentaje que se calcula en función de la inversión y los beneficios obtenidos para cuantificar la viabilidad de un proyecto. En otras palabras, es la cantidad de dinero que producimos a partir de una inversión inicial. La siguiente es una fórmula para el cálculo del ROI

Retorno de la inversión = [1 − (capital invertido / valor de la acción)] x 100

Retorno de la inversión = [1 - (10,000.00 / 12,296.00)] x 100

Retorno de la inversión = [1- (0.81)] x 100

Retorno de la inversión = [(0.19)] x 100

Retorno de la inversión = 19 por ciento

En el ejemplo anterior, la inversión en acciones de Microsoft (MSF) produjo una ganancia de capital de 2,296.00 dólares, lo que equivale a un retorno de la inversión de 19 por ciento en un período de un año. Mientras más alto sea el retorno de la inversión, mejor. Con el objetivo de simplificar el ejemplo, no tomamos en cuenta los costos asociados de las comisiones de los corredores de Bolsa por las operaciones de compra y venta de las acciones.

Flujo de efectivo es la cantidad de dinero que mensualmente genera un negocio como consecuencia de su actividad comercial. En el caso de una persona, es la cantidad de dinero que recibe por los ingresos generados por su trabajo (ingreso activo) o los ingresos generados por sus inversiones (ingresos pasivos).

¿Debemos invertir para tener ganancia de capital o flujo de efectivo?

La respuesta a esta pregunta depende totalmente de las circunstancias personales de cada inversor. Cuando decimos circunstancias personales, nos referimos a ciertos aspectos como son la edad del individuo, el sexo, la clase social, la situación económica, la educación, etcétera.

Un joven recién graduado de la universidad, en su primer empleo y con poco capital para invertir, lo más probable es que se incline por una estrategia de inversión que le genere ganancia de capital con el objetivo de aumentar su patrimonio hasta que se convierta en una cantidad importante. Las inversiones en acciones prometen grandes retornos de la inversión, pero no sin pagar el precio de la volatilidad de los mercados y el riesgo inherente a las actividades comerciales.

El caso contrario podría ser una viuda de 60 años que cuenta con un capital de 350 mil dólares en su cuenta de retiro. Probablemente, el objetivo de esta persona sea invertir su dinero en vehículos de inversión que le prometan poca volatilidad de los precios y le garanticen cierta seguridad del principal, como es el caso de los bonos.

La inversión en bonos produce un interés mensual o trimestral constituyendo un flujo de efectivo para que el inversor pueda disfrutar a plenitud de sus años de retiro.

El círculo de competencia

Una diversificación amplia sólo es necesaria cuando
el inversor no entiende lo que está haciendo.
WARREN BUFFET,
el inversor más exitoso de todos los tiempos

El círculo de competencia es el conjunto de conocimientos que posee un inversor acerca de una industria o compañía específica, y le permite entenderla y valorarla. En otras palabras, son todas las experiencias acumuladas a través del trabajo o estudio que ha adquirido un inversor sobre una actividad comercial o empresa que le permiten entender de manera rápida y precisa cómo ésta gana dinero.

Entender un negocio significa que conocemos la compañía y sus fundamentos, es decir, somos capaces de leer y analizar los estados financieros, evaluar el mercado al cual están dirigidos los productos o servicios fabricados o comercializados por la empresa, conocemos sus costos de operación, sus márgenes de beneficios, los competidores que tiene, la industria en cual opera, etcétera.

Una vez que conocemos los fundamentos de una compañía, llega el momento de entender si el precio al que cotiza la acción está acorde con los beneficios producidos que presenta en sus estados financieros. Si en base a un análisis exhaustivo, el precio a que cotiza la acción en el mercado es superior a los números encontrados en los estados financieros, la acción se encuentra por encima de su valor intrínseco y no debemos comprarla. Por el contrario, si el resultado de nuestro análisis nos indica que la acción cotiza a un precio por debajo de los resultados empresarios reflejados en los estados financieros, es decir, su valor de mercado es menor a su valor intrínseco, la acción se encuentra de oportunidad y debemos realizar la compra.

¿Cuáles son las ventajas de establecer un círculo de competencia?

Primero, le permite enfocarse sólo en un grupo de empresas que tiene pleno conocimiento de su actividad comercial y sus fundamentos. Por lo tanto, no se pierde analizando cientos y miles de empresas que se cotizan diariamente en la Bolsa de Valores.

Segundo, podrá valorar con más precisión los precios de las acciones de las compañías que se encuentran dentro de su círculo de competencia. Por lo tanto, aumentará proporcionalmente las posibilidades de tener éxito en las inversiones.

Un inversor inteligente nunca invierte en empresas o sectores que están fuera de su círculo de competencia.

La inversión es más inteligente cuando es empresarial

Compre un negocio, no alquile la acción.
WARREN BUFFET

La inversión con perspectiva empresarial es cuando el inversor entiende que una acción representa la **propiedad parcial de** un negocio, por lo tanto, sus decisiones de inversión no se basan ni en tendencias, ni en suposiciones sobre la dirección que tendrán los mercados o la economía en general. Todo inversor antes de comprar acciones de una compañía en particular debe hacerse las preguntas adecuadas de la misma forma como si estuviese comprando la panadería, la lavandería o cualquier negocio privado que su vecino le esté ofreciendo venderle.

¿Cuáles son esas preguntas? ¡Oh!, las preguntas que cualquier empresario sensato se haría a la hora de invertir su dinero en cualquier tipo de negocio. Algunas de las preguntas son:

- ¿Cuál es el valor de este negocio?
- ¿Qué precio pide el propietario para vender?
- ¿En qué industria opera el negocio?
- ¿En qué términos se hará la venta?
- ¿Cuáles son los costos de operación del negocio?
- ¿Cuáles son los márgenes de beneficios del negocio?
- ¿Tiene el negocio deudas a largo plazo o a corto plazo?
- ¿Puede hacer frente el negocio a sus deudas con las ventas actuales?

Piénselo de esta manera, si nuestro vecino mr. John nos propone vendernos su negocio de lavadero de autos, la primera acción que deberíamos llevar a cabo, igual que todo empresario sensato realizaría, sería pedirle los estados financieros del negocio para estudiarlos en profundidad y determinar si realmente tiene alguna ventaja competitiva que le permita generar beneficios sostenibles a largo plazo que garanticen la devolución del principal más ganancias que crezcan anualmente y sobrepasen la tasa de inflación. ¿Cómo descubrimos si el negocio es rentable? En esos estados financieros, que mr. John nos debe entregar, conoceríamos las ventas anuales del negocio, los costos operativos, los costos financieros, las ganancias anuales y, a partir de todas estas informaciones, calcularíamos la tasa de retorno de la inversión para luego determinar si realmente es conveniente o no hacer la inversión.

Este mismo procedimiento de inversión lo debería realizar cualquier persona que pretenda comprar acciones de compañías en la Bolsa de Valores, ya que –como dijimos anteriormente– una acción no es simplemente un número en la pantalla de su computadora, sino más bien, la posesión de un pedazo de un negocio.

La inversión con perspectiva empresarial nos conduce de forma automática a determinar la diferencia entre el precio y el valor de una inversión.

El precio es lo que pagamos, el valor es lo que obtenemos.

Dicho todo esto, aceptamos la premisa de que a veces las acciones se cotizan en el mercado de valores a precios mayores en comparación con su valor y viceversa. Es decir, muchas veces pagamos por una acción un precio mayor a su valor, mientras que otras veces pagamos un precio menor.

¿Cómo puede ocurrir esto? Sencillo, el mercado de valores está compuesto por personas, estas tienden a tomar sus decisiones de inversión en base a factores puramente emocionales. Por lo tanto, son las emociones de las personas las causantes de las fluctuaciones de los precios de las acciones, no los resultados empresarios.

El optimismo y el miedo son las principales emociones que dominan los mercados. Cuando el mercado está optimista, los precios de las acciones tienden a incrementarse; cuando el mercado está temeroso, se da lo contrario.

El valor intrínseco

Hay que ser codicioso cuando los demás son miedosos, y miedoso cuando los demás tienen los ojos inyectados de codicia.
WARREN BUFFET

El precio de una acción es la cantidad de dinero que pagamos por comprarla y el valor de una acción es lo que se obtiene al momento en que se concreta la compra.

¿Cómo se determina el valor de una acción?

Partiendo de la teoría de la relatividad expuesta por el gran físico alemán Albert Einstein, quien dice: "Todo lo que existe en el universo es relativo". Entonces, podríamos argumentar que los valores de las acciones, los bonos, los bienes raíces y cualquier vehículo de inversión son también relativos. Esto es así debido a que su valor depende, en gran medida, de un sinnúmero de factores y variables, incluyendo con gran ponderación la apreciación personal de juicio de valor que le otorgan los participantes del mercado al momento de realizar la transacción.

Como inversores, debemos establecer criterios claros de inversión que nos ayuden a disminuir el grado de incertidumbre con respecto al futuro. Debemos gestionar los riesgos de los sucesos futuros que puedan afectar nuestras inversiones. El riesgo en la actividad de inversión no se puede eliminar. Lo que hace un inversor inteligente es gestionarlo.

Entendiendo que el valor de una acción o cualquier vehículo de inversión puede ser relativo, y dicha relatividad introduce un grado de incertidumbre muy grande, debemos de alguna forma solucionar ese problema. La respuesta a tanta incertidumbre se obtiene determinando el valor intrínseco de una acción.

¿Qué es el valor intrínseco?

El valor intrínseco de una acción no es más que la suma de todos los activos de una compañía menos sus pasivos. Con esta operación obtenemos el valor neto de la compañía. Luego, dividimos este valor entre el número de acciones emitidas en el mercado de valores (por dicha compañía). El resultado será el valor contable o real de la compañía. Expuesto de una manera más sencilla, el valor intrínseco de una acción es el que tienen los activos tangibles de una compañía, como sus edificios, las maquinarias, las patentes, los locales comerciales, tierras, etcétera.

La teoría de valor intrínseco se basa en que el mercado de valores es maníaco depresivo, es decir, que los agentes (los inversores individuales, los inversores institucionales, los fondos mutuos) no siempre toman sus decisiones de inversiones de manera racional. Por lo tanto, algunas veces los mercados tienden a subvalorar las acciones de algunas compañías en comparación con su valor intrínseco, principalmente cuando éstas atraviesan por diversos problemas internos o externos. O simplemente cuando estas empresas no son populares en el universo de inversión de Wall Street en un momento determinado. Otras veces, algunas compañías llegan a cotizar a precios excesivamente sobrevaluados en comparación con su valor intrínseco, ya que los sentimientos del mercado sobre el futuro económico de estas compañías son muy optimistas.

El objetivo de un inversor inteligente es comprar acciones de compañía que coticen en la Bolsa de Valores a un precio de mercado por debajo del valor intrínseco de sus acciones. Pagando un precio inferior a su valor intrínseco, el inversor inteligente establece lo que llamaríamos el **margen de seguridad.**

El margen de seguridad es la piedra angular de la inversión inteligente, ya que protege al inversor de un error en sus cálculos de valor y cualquier eventualidad que pueda ocurrir en el futuro que afecten las cotizaciones de los precios de las acciones adquiridas.

El margen de seguridad

Usted ni tiene razón ni se equivoca porque la muchedumbre
discrepe con usted. Usted tiene razón porque sus datos y
razonamientos son correctos.

WARREN BUFFET

El margen de seguridad en una inversión es la diferencia entre el precio pagado por una acción y su valor intrínseco. Para obtener un margen de seguridad, el inversor debe comprar las acciones al momento que su precio esté por debajo de su valor intrínseco. El margen de seguridad nos brinda espacio de maniobra en caso de que nuestras acciones bajen de precio luego de haberlas adquirido como consecuencia de sucesos ocurridos que afectan directa e indirectamente a la compañía.

Por ejemplo, si una acción de Microsoft (MSF) se cotiza en el mercado de valores a un precio de 5 dólares por acción, y determinamos que el valor intrínseco de las acciones de Microsoft es de 10 dólares por acción; si las compramos en ese precio, tendríamos un margen de seguridad de 50 por ciento con respecto a su valor intrínseco.

Si el mercado de valores con el tiempo determina que el valor de las acciones de Microsoft es de 8 dólares por acción, estaríamos obteniendo unas ganancias por acción de 3 dólares, para una tasa de rentabilidad del 60 por ciento. Estando a 8 dólares las acciones de Microsoft todavía estarían en condiciones de ser adquiridas bajo los criterios sensatos de inversión pero con un margen de seguridad mucho menor.

Otro de los mayores beneficios de aplicar el concepto de margen de seguridad a todas nuestras operaciones de inversiones es que al comprar acciones por debajo de su valor intrínseco, aumentamos las probabilidades de tener mayores márgenes de rentabilidad cuando el mercado de valores reconozca el valor intrínseco de las acciones adquiridas.

El margen de seguridad es la piedra angular que diferencia una operación de inversión de una operación de especulación. Una verdadera operación de inversión exige la presencia de un buen margen de seguridad, cuya existencia se pueda demostrar con datos fiables y experiencias reales.

El precio y la tasa de rentabilidad

El precio que se paga determina la tasa de rentabilidad de nuestra inversión.

La tasa de rentabilidad es el número que determina la velocidad en que crecerá nuestro dinero en el tiempo. Es un indicador que nos guiará en qué y cuándo invertir. Mientras menor sea el precio que paguemos por una acción, mayor será nuestra rentabilidad. Mientras más alta es nuestra rentabilidad, más dinero ganaremos como producto de nuestras inversiones. Toda decisión de inversión se basa en obtener el mayor rendimiento, en el menor tiempo y con el menor riesgo.

Parte IV:

Cómo invertir

Corredores de Bolsa:
Los intermediarios del mercado financiero

Los mercados pueden mantener su irracionalidad más tiempo del que tú puedes mantener tu solvencia.

JOHN MAYNARD KEYNES

Introducción

Los corredores de Bolsa son el enlace entre los inversores y la Bolsa de Valores. Son una pieza clave dentro del mercado de valores. A través de ellos podemos comprar las acciones, bonos, fondos mutuos, opciones, derivados y cualquier tipo de activo financiero que se comercialice en la Bolsa de Valores. Su función es ejecutar las órdenes de compra y venta colocadas por los inversores a cambio del cobro de una comisión por cada transacción realizada.

Existen dos tipos de corredores de Bolsa, los llamados servicios completos y los descuentos. Los más populares entre los inversores individuales son los corredores tipo descuento, ya que ofrecen las tarifas de comisiones más bajas. A través de Internet, desde nuestro hogar podemos abrir una cuenta en nuestro corredor de Bolsa elegido. Este proceso puede tener una duración máxima de 30 minutos.

La elección de un corredor de Bolsa va a depender de diversos factores, principalmente el costo por comisión por cada transacción, así como los requisitos que exijan a sus clientes para la apertura de una cuenta. Algunos exigen un depósito mínimo, que oscila entre los 500 y 2,500 dólares, mientras que otros no piden ningún deposito. Asimismo algunos permiten abrir cuentas a ciudadanos no estadounidenses, mientras otros no lo permiten. También influye el tipo de cuenta y el tipo de órdenes que ofrecen a sus clientes, además de ciertos extras que hacen la elección de un corredor de Bolsa una opción más atractiva sobre otra.

En este capítulo encontrará una lista con más de 40 corredores de Bolsa con la información de contacto, sitios en Internet, comisiones, tipos de órdenes que permiten ejecutar y toda la información necesaria para elegir uno que se adecue a nuestras necesidades de inversión.

¿Qué son los corredores de Bolsa?

Cuando mi limpia bota comienza a invertir en la Bolsa yo lo vendo todo.
JOHN DAVIDSON ROCKEFELLER,
fundador de la empresa Standard Oil,
hoy en día conocida como la Exxon Mobil

Los corredores de Bolsa (*stockbrokers*) son los encargados de negociar los valores en la Bolsa de Valores en representación de los inversores. Cobran una comisión por cada transacción que realice el inversor, sin importar la cantidad de los valores negociados. Para que un inversor individual o institucional pueda negociar activos financieros en la Bolsa de Valores, debe abrir una cuenta en un corredor de Bolsa. Y es a través de esa cuenta que se realizan las operaciones de compra y venta. Los corredores de Bolsa pueden ser personas físicas o jurídicas (compañías).

El proceso de selección de un corredor de Bolsa es muy parecido al de elegir un doctor para la familia. La experiencia, la personalidad y la reputación son características que debemos tomar en cuenta. Comúnmente, los corredores de Bolsa son referidos por familiares, amigos o socios de negocios. Siempre es recomendable, antes de seleccionar a uno, tener una entrevista con al menos tres de ellos a fin de comparar el que mejor servicios y consejos de inversión nos ofrezca, y que se ajusten a nuestras circunstancias y objetivos financieros.

La profesión de corredor de Bolsa está estrictamente regulada, de igual manera que todos los aspectos relacionados a las Bolsas de Valores. Por lo tanto, si una persona quiere convertirse en uno, debe adquirir una licencia tras superar dos exámenes emitidos por una entidad llamada **National Association of Securities Dealers (NASD)**. Estos exámenes son llamados serie 7 y serie 63, y aseguran que los individuos conozcan los tipos de valores bursátiles que se comercializan en los mercados financieros, además de tener un conocimiento de las regulaciones y las leyes del mercado de valores.

Algunas regulaciones establecen que los corredores de Bolsa no pueden garantizar a los inversores que no tendrán pérdidas, ni tampoco pueden ser partícipes de ningún tipo de ganancias generadas por las inversiones de sus clientes.

Los corredores cobran una comisión al cliente por cada transacción que se realice, tanto de compra, como de venta de valores bursátiles. El monto de las comisiones depende de varios factores: primero, del tipo de corredor de Bolsa; segundo, de las tarifas que tenga establecida la empresa. Además de los costos por transacción, algunos corredores poseen otros costos ocultos, tal es el caso de:

- Costos por apertura y cierre de cuenta
- Costos por comisiones
- Costos ocultos

Costos por apertura y cierre de cuenta

Algunos corredores de Bolsa requieren un depósito mínimo para que un inversor pueda abrir una cuenta. El pago de entrada puede ser desde 500 dólares hasta 2,500 dólares o más. Todo va a depender de la política interna que tenga cada corredor de Bolsa. La mayoría de los corredores hoy en día no exigen un depósito mínimo para comenzar.

Costos por comisiones

Cada corredor de Bolsa tiene sus propias tarifas por transacción. Lo bueno es que estas comisiones son independientes de la cantidad de valores bursátiles que el inversor esté negociando. Como ejemplo utilizaremos un caso hipotético donde la comisión de nuestro corredor de Bolsa es de 10 dólares por transacción.

Si compramos 100 acciones de la compañía XYZ, pagaríamos los mismos 10 dólares que si compramos sólo 10 acciones, ya que los costos por transacción no están condicionados a la cantidad de valores negociados por transacción.

Buscando en Internet podemos encontrar tarifas de corredores de Bolsa en los siguientes rangos de precios:

- Entre 5 y 15 dólares por transacción. Este rango puede ser de lo más económico. Quizá sea barato en comparación con otros, pero siempre es bueno evaluar el servicio al cliente. Algunos pueden brindar una pésima atención.

- Entre 15 y 30 dólares por transacción. Este rango es intermedio y algunos ofrecen servicios adiciones a sus clientes como entrenamientos y adicionales herramientas de inversiones, principalmente para los analistas técnicos.

- Entre 100 y 200 dólares por transacción. Los que entran en este rango normalmente son los llamados servicios completos (*full servicies brokers*), quienes brindan un servicio personalizado a sus clientes. Más adelante estudiaremos las ventajas y desventajas de este tipo de corredores de Bolsa.

Costos ocultos

Algunos de los costos ocultos que un inversor puede encontrar, al momento de operar través de un determinado corredor de Bolsa, son los siguientes:

- Al momento de la transferencia de activos (dinero en efectivo o cualquier tipo de valores bursátiles) fuera o dentro de la cuenta, el corredor de Bolsa lo penalizará con un costo.

- Algunos corredores cobran una cuota por "mantenimiento de la cuenta". Ese pago normalmente se realiza de forma anual.

- Si se abre una cuenta en un corredor de Bolsa y no se utiliza por un determinado período, nos cargarán un costo por inactividad.

- Las cuentas con margen (*margin account*) pagan intereses.

Tipos de corredores de Bolsa

Existen dos tipos de corredores de Bolsa: servicios completos (*full services*) y descuento (*discount*).

Los corredores de Bolsa tipo servicios completos son aquellos que brindan asistencias personalizadas a los inversores. Por lo tanto, sus comisiones son más altas. El costo promedio por comisión que cobran estos corredores de Bolsa es de 100 dólares por transacción. Entre los servicios que ofrecen a sus clientes están:

- Planificación financiera familiar
- Investigaciones avanzadas sobre los diferentes productos financieros
- Planes de retiro
- Asesoría impositiva y estrategias para lidiar con los impuestos
- Experiencia
- Planificación de portafolio de inversión

Entre los corredores de Bolsa servicios completos podemos mencionar los siguientes:

Nombre	Pagina web
Merrill Lynch	http://www.ml.com
Morgan Stanley	http://www.morganstanley.com
Wachovia Corporation	http://www.wachovia.com
Edward Jones Investment	http://www.edwardjones.com

264 PARTE IV: *Cómo invertir*

Prudential Financial	http://www.prudential.com
A.G Edwards	http://www.egedwards.com
Raymond James Financial	http://www.raymondjames.com
Stanford Bernstein	http://www.bernstein.com
US Bancorp Piper Jaffray	http://www.piperjaffray.com
Legg Mason On line	http://www.leggmason.com

La otra opción son los llamados **corredores de Bolsa tipo descuento**. Estos cobran comisiones mucho más económicas, que los servicios completos, pero no ofrecen ningún tipo de servicios adicionales. Sólo se limitan a colocar y ejecutar las transacciones realizadas por sus clientes.

Para una persona que piensa realizar al menos 10 transacciones al año en la Bolsa de Valores, y que le gustaría contar con una persona que le aconseje y le ayude personalmente en sus inversiones, la mejor opción es abrir una cuenta a través de un corredor de Bolsa servicios completos.

En cambio, si una persona realiza un volumen considerable de transacciones por año, la mejor opción podría ser elegir un corredor de Bolsa tipo descuento, ya que solamente en gastos por comisión tendría un ahorro significativo.

En el caso de los inversores individuales que sean activos, los corredores de Bolsa tipo descuento pueden representar la mejor opción por razones de costos. El siguiente cuadro muestra 10 de los mejores corredores de Bolsa tipo descuento de la actualidad disponible a través de Internet.

Nombre	Pagina web	Comisión de acciones	Depósito mínimo
Ameritrade	http://www.ameritrade.com	US$ 9.95	US$ 0.00
MB Trading	http://www.mbtrading.com	US$ 4.95	US$ 1,000.00
Interactive Brokers	http://www. interactivebrokers.com	US$ 5.00	US$ 10,000.00
Trade Station Securities	http://www.tradestation. com/	US$ 9.99	US$ 5,000.00
OptionsXpress	http://www.optionsxpress. com/	US$ 9.95	US$ 0.00
Fidelity Investment	https://www.fidelity.com/	US$ 7.95	US$ 2,500.00
Tradeking	http://www.tradeking.com/	US$ 4.95	US$ 0.00
TradeMONSTER	https://www.trademonster. com/	US$ 7.50	US$ 2,000.00
OptionsHouse	http://www.optionshouse. com/	US$ 2.95	US$ 0.00
ThinkorSwing	http://www.thinkorswim. com	US$ 9.99	US$ 2,500.00
Choice Trade	http://www.choicetrade.com/	US$ 5.00	US$ 0.00

El proceso de apertura de una cuenta en una compañía de corredores de Bolsa es tan fácil como abrir una cuenta de ahorros en el banco de su preferencia. De hecho, el proceso es muy similar. El cliente debe demostrar que cuenta con buen récord crediticio. En algunos casos, le requerirán cierta información para comprobar si tiene cierta responsabilidad financiera y le enviarán mensualmente los reportes del balance de su cuenta por correo, de la misma forma que usted recibe el balance de su cuenta corriente o de ahorro provenientes de su banco.

En este libro le mostraremos los pasos necesarios requeridos para abrir una cuenta en un corredor de Bolsa a través de Internet. Verá lo fácil y rápido que es.

Tipos de cuentas y órdenes

Al momento de abrir una cuenta en un corredor de Bolsa debemos escoger el tipo de cuenta con que vamos a operar. En general existen cuatro tipos:

- Cuenta efectivo (*cash account*): en esta cuenta depositamos el dinero efectivo, de forma similar a una cuenta de ahorro en un banco. Con este tipo de cuenta podemos invertir en acciones, bonos, fondos mutuos. En esta cuenta sólo tenemos el poder de compra que nos permita la cantidad de efectivo depositado.

- Cuenta margen (*margin account*): estas cuentas permiten comprar acciones con dinero prestado de nuestro corredor de Bolsa. El préstamo se hace con la condición de que el efectivo o las acciones que se encuentren en nuestro portafolio sirvan de garantía colateral al préstamo. En caso de que tengamos pérdidas y no podamos devolver el dinero prestado, el corredor de Bolsa nos exigirá un depósito en efectivo. En caso contrario, nos expropiará las acciones de nuestro portafolio equivalentes al monto del préstamo. Este préstamo no es gratis. Al momento de comprar acciones utilizando nuestra cuenta margen, el corredor de Bolsa nos cobra intereses por el préstamo. Por ello, el uso de este tipo de cuenta se hace regularmente para inversiones a corto plazo, ya que mientras más tiempo utilicemos el dinero de nuestro corredor de Bolsa para invertir, más intereses tenemos que pagar. La mayoría de los corredores, a la hora de abrir una cuenta margen, exigen un depósito inicial de al menos 2,000 dólares.

- Las cuentas con margen aumentan el poder de compra de los inversores. De esta forma se pueden incrementar las ganancias, pero también las pérdidas. Si invertimos bien, ganamos el doble, ya que podemos comprar más acciones. Ahora bien, si nuestra inversión no resultó satisfactoria, las pérdidas son dobles, ya que perdemos nuestro dinero más el monto que se tomó prestado. Por esta razón, no todas las acciones se pueden comprar a través de cuentas márgenes. Las acciones Pennys (*penny stock*), las que se adquieren a través de los mercados OTC y las acciones de una Oferta Pública Inicial (IPO) no pueden ser adquiridas a través de este tipo de cuentas. Esto es así, ya que los organismos reguladores (la SEC) consideran que ese tipo de acciones son muy volátiles. Por ende, aumentan en gran medida el riesgo de los inversores a tener pérdidas.

- Cuenta IRA (*IRA account*): es donde se depositan los fondos de retiros de los trabajadores en los Estados

Unidos. Una persona puede invertir en la Bolsa de Valores utilizando sus fondos de retiro con el objetivo de hacerlos crecer más rápido y poder retirarse más temprano.

— **Cuenta de opciones** (*options account*): permite comprar opciones. Las opciones son un instrumento financiero representado por un contrato que da a su comprador el derecho, pero no la obligación, de comprar o vender bienes o valores (el *activo subyacente*, que pueden ser acciones, índices bursátiles, etcétera) a un precio predeterminado (*strike* o precio de ejercicio), hasta una fecha concreta (vencimiento). Las opciones son muy volátiles y riesgosas. La inversión en opciones sólo es recomendada para inversores expertos.

Desde el momento que tenemos abierta una cuenta en nuestro corredor de Bolsa, podemos comenzar a invertir en el mercado de valores. Para comprar y vender acciones debemos colocar una orden de compra o venta, pero antes hay que conocer los tipos de órdenes a nuestra disposición. En general, tenemos dos grandes categorías de órdenes: básicas y avanzadas.

ÓRDENES BÁSICAS

Orden de mercado (*market order*)

En este tipo, nuestras órdenes son ejecutadas al mejor precio en el mercado. Por ejemplo, si ejecutamos una orden de compra de las acciones de la compañía XYZ, autorizamos a nuestro corredor de Bolsa a comprar al mejor precio disponible en el mercado las acciones de la compañía. De igual manera, si ejecutamos una orden de venta de nuestras acciones de la compañía XYZ, autorizamos a nuestro corredor de Bolsa a vender al mejor precio disponible en el mercado.

Orden limitada (*limit order*)

En este tipo, nuestras órdenes son ejecutadas a un precio específico de compra y venta. Por ejemplo, si las acciones de la compañía XYZ se cotizan a un precio de 25.80 dólares y nuestra intención es comprarlas cuando su precio sea de 25.10 dólares, utilizaremos este tipo de orden para especificarle a nuestro corredor de Bolsa el precio exacto al que queremos comprar. De la misma forma, podemos especificarle la intención de vender acciones de la compañía XYZ cuando éstas se coticen a un precio específico de 26.50 dólares. Si la acción nunca llega a cotizar al precio establecido en nuestra orden, ésta no se ejecuta.

ÓRDENES AVANZADAS

El objetivo de las órdenes avanzadas es maximizar nuestras ganancias y limitar las pérdidas.

Stop order

Cuando se utiliza este tipo de orden, la ejecución es más importante que el precio. En este tipo de orden instruimos a nuestro corredor de Bolsa a comprar o vender acciones cuando se coticen por debajo o por encima de un precio establecido por nosotros. Cuando ese monto es alcanzado, la orden es ejecutada como una **orden de mercado** (*market order*) al menos que especifiquemos que se ejecute como una **orden limitada** (*limit order*). Esto significa que la orden se ejecuta, pero no necesariamente al precio establecido, principalmente cuando los mercados están muy volátiles, dado que los precios pueden variar bruscamente en cuestión de segundos.

Tenemos a disposición tres tipos de órdenes stop order dependiendo de nuestras necesidades de inversión.

Sell stop market order

El siguiente ejemplo ilustra de manera precisa el uso de este tipo de órdenes. Tenemos en nuestro portafolio 100 acciones de la compañía XYZ, las compramos a un precio de 50 dólares por acción. En estos momentos se están cotizando a 100 dólares, pero no estamos seguros si queremos vender. En este punto tenemos tres opciones: (1) vendemos a 100 dólares y ganamos 50 dólares por acción, (2) si no vendemos y el precio sigue subiendo ganamos más dinero, (3) no vendemos y el precio comienza a bajar, entonces disminuimos nuestras ganancias.

Colocamos una orden de ese tipo para que, cuando la acción se cotice en 95 dólares, nuestro corredor de Bolsa venda inmediatamente nuestras acciones. En el caso que el precio descienda repentinamente a menos de 95 dólares, nuestro corredor de Bolsa deberá ejecutar inmediatamente la venta de las acciones como una orden de mercado.

Sell stop limit order

El siguiente ejemplo ilustra de manera precisa el uso de este tipo de órdenes. Tenemos 100 acciones de la compañía XYZ, la compramos en 50 dólares por acción. En estos momentos se están cotizando a 100 dólares por acción, pero no estamos seguros si queremos vender. En este punto tenemos tres opciones: (1) vendemos a 100 dólares y ganamos 50 dólares por acción, (2) si no vendemos y el precio sigue subiendo ganamos más dinero, (3) no vendemos y, en caso de que el precio comience a bajar, entonces afectamos nuestras ganancias. Podemos indicarle a nuestro corredor de Bolsa para que la orden de venta se active cuando el precio de la acción sea de 95.00 dólares. En caso de que el precio continúe descendiendo aún más, la orden de venta se ejecuta cuando el precio alcance los 92.00 dólares por acción.

Buy stop market order

Este tipo de órdenes se utilizan cuando hacemos una venta corta (*short selling*) y queremos proteger nuestras ganancias. El siguiente caso hipotético muestra un ejemplo del empleo de este tipo de órdenes.

La técnica de inversión **venta corta** (*short selling*) se explicará en detalles más adelante en este capítulo.

Vendimos en corto 100 acciones de la empresa XYZ cuando cotizaban a 100 dólares por acción y en estos momentos su precio es de 50 dólares. En este punto, tenemos tres opciones: (1) vendemos a 50 dólares y nos ganamos 50 dólares por acción; (2) si no vendemos y el precio continúa descendiendo, ganamos

272 PARTE IV: *Cómo invertir*

aún más dinero, por lo tanto, no limitamos nuestras ganancias; (3) no vendemos, pero si el precio comienza a subir, entonces afectamos nuestras ganancias.

Podemos colocar una orden de ese tipo para vender nuestras acciones en caso de que el precio de las acciones alcance los 75 dólares. En ese momento la orden se ejecuta como *Market order*, lo que significa que al final nuestro precio de venta pudo ser 76 dólares o quizá 82 dólares, dependiendo de la volatilidad del mercado.

Venta corta o venta al descubierto

Cuando un inversor se refiere a que tiene una **posición larga** (*long position*), significa que ha comprado acciones anticipando un aumento de los precios. Lo contrario ocurre cuando un inversor tiene una **posición corta**, es decir, cuando ha comprado acciones anticipando un descenso en los precios.

La **venta en corta** o **venta al descubierto** (*short selling*) es una técnica de inversión utilizada cuando vendemos acciones que no son de nuestra propiedad. Dicho de otro modo, la tomamos prestada con la promesa de devolverla en un plazo determinado. A continuación, lo explicaremos con más detalles.

Si los precios de las acciones de la compañía XYZ se cotizan a 100 dólares por acción y anticipamos que los precios van a entrar en una tendencia bajista, podríamos hacer una venta corta de 100 acciones. Para esto debemos invertir 10 mil dólares. Para realizar la venta corta debemos seguir una serie de pasos.

Primero, tomamos prestadas las acciones de la compañía XYZ a través de nuestro corredor de Bolsa.

Segundo, tomamos las acciones y las vendemos. El dinero que recibimos por la venta se acredita en nuestra cuenta.

Tercero, cuando decidamos "cerrar' nuestra posición en corto (lo que significa devolver las acciones que fueron tomadas prestadas), debemos comprar la misma cantidad de acciones tomadas como prestadas, para luego entregarlas a nuestro corredor de Bolsa.

Si durante el tiempo en que nuestra posición en corto estuvo "abierta", el precio de las acciones de la compañía XYZ aumentó a 150 dólares por acción, nuestra inversión tuvo un rendimiento negativo de 50 dólares por acción. En este caso necesitaríamos 15 mil dólares para comprar de nuevo las acciones de la compañía XYZ y devolverlas a nuestro corredor de Bolsa. Esta operación nos hubiese reportado unas pérdidas de 50 dólares por acción para un total de 5 mil dólares. En caso contrario, si el precio descendiese a 50 dólares por acción, necesitaríamos 5 mil dólares para comprar las acciones de la compañía XYZ y devolverlas nuevamente a nuestro corredor de Bolsa, reportando esta operación unas ganancias de 50 dólares por acción para un total de 5 mil dólares.

Muchas veces nuestra posición en corto puede durar menos del tiempo esperado, ya que puede darse el caso que nuestro corredor de Bolsa nos exija la devolución de las acciones prestada antes del tiempo estimado. Esto no sucede frecuentemente, pero puede ocurrir, principalmente cuando demasiados inversores están abriendo posiciones cortas sobre una misma acción. Debido a que no somos los dueños de las acciones, cualquier beneficio producido (dividendos), durante el tiempo que las tomamos prestadas, debe ser pagado a su respectivo dueño.

La ventaja de la venta corta, como técnica de inversión, es que permite la posibilidad de producir beneficios aún cuando los mercados se encuentran sumergidos en tendencias bajistas. Por lo tanto, los grandes inversores ganan dinero en la Bolsa, no importa si la tendencia es en alza o en baja.

La desventaja es que cuando hacemos una venta corta, el riesgo de tener pérdidas es ilimitado. Por ejemplo, podemos hacer una venta corta de las acciones de la compañía XYZ a 100 dólares por acción con la convicción de que estarán cotizando a la baja en corto de tiempo. Si nuestra decisión fue incorrecta y las acciones suben de precio, cotizándose a 150 dólares por acción, nuestras pérdidas ascenderían a 50 por ciento por acción. Si el precio sigue aumentando hasta los 250 dólares por acción, las pérdidas superarían el ciento por ciento hasta colocarse en un 150 por ciento, y así sucesivamente. El uso de esta técnica de inversión es recomendado exclusivamente para inversores experimentados.

Listado de corredores extraído de Internet*

Just2Trade

Phone: (877) 206-2274, (202) 386-7261
Website: http://www.just2trade.com/
Products: stocks, options, mutual funds
Market orders: $ 2.50. Additional charges for extended hours trading, paper documentation.
Limit orders: $ 2.50. Additional charges for extended hours trading, paper documentation.
Mutual funds: $ 2.50
Options: $ 2.50 / trade + $ 0.50 / contract
Minimum to open: $ 2,500
Inactivity fee: seems to be $ 0.00.
Some other fees: tender fee: $ 25.00. ACAT out: $ 50.00.

OptionsHouse,

Phone: (877) 653-2500, 312-362-2510
Website: http://www.optionshouse.com/
Products: Ssocks, options, no-load mutual funds, "U.S. treasury bonds and listed corporate bonds"
Market orders: $ 2.95
Limit orders: $ 2.95
Mutual funds: $ 9.95

---

* Este listado de corredores de Bolsa descuento es propiedad de http://www.broker-reviews.us, por favor diríjase a este sitio web para obtener información actualizada.

Options: $ 8.50 / trade + $ 0.15 / contract + $ 0.004 / contract "Options Regulatory Fee"
Minimum to open: $ 1,000 for cash account and $ 2,000 for margin trading.
Inactivity fee: $ 0.00
Some other fees: ACAT out: $ 50.00.

SogoTrade

Phone: 888-818-SOGO (1 888-818-7646), 212-668-8686
Website: http://www.sogotrade.com/
Products: stocks
Market orders: $ 3.00
Limit orders: $ 3.00
Minimum to open: $ 500. Margin accounts can also be opened with $ 500, but whenever the balance is below $ 2,000 only cash purchases will be allowed.
Inactivity fee: $ 0.00
Some other fees: tender fee: $ 25.00. ACAT out: $ 50.00.
Maximum margin rate: based on proprietary base rate.

eOption

Phone: 1-888-793-5333, 1-847-375-6080
Website: http://www.eoption.com/
Products: stocks, foreign stocks, bonds, mutual funds, options.
Market orders: $ 3.00
Limit orders: $ 3.00
Mutual funds: $ 14.95; applies to "All mutual fund trades" except for periodic investments and withdrawals, which are $ 5.00.

Options: $ 3.00 / trade + $ 0.10 / contract
Minimum to open: $ 0
Inactivity fee: $ 0.00
Some other fees: tender fee: $ 25.00; $ 50.00 "Less Than 48 Hours" DTC out: $ 25.00 per security. ACAT out: $ 50.00.
Maximum margin rate: based on site table

Marsco

Phone: 800.962-7726, 973.228-2886
Website: http://www.marscoinvestments.com/
Products: stocks, options, mutual funds, bonds
Market orders: $ 3.95
Limit orders: $ 3.95
Mutual funds: $ 15.00 for no-load funds.
Options: $ 3.95 / trade + $ 1.25 / contract
Minimum to open: $ 2500
Inactivity fee: $ 0.00
Some other fees: tender fee: $ 25.00 (also for mandatory reorganizations). DTC out: $ 20.00 / security. ACAT out: $ 50.00.
Maximum margin rate: based on proprietary base rate

Zecco

Phone: 877-700-7862
Website: http://www.zecco.com/
Products: stocks, options, no-load mutual funds
Market orders: $ 4.50 (+ a well-hidden $ 1.50 for those who don't opt out of paper confirmations).
Limit orders: $ 4.50 (+ a well-hidden $ 1.50 for those who don't

278   PARTE IV: *Cómo invertir*

opt out of paper confirmations).

Mutual funds: $ 10.00

Options: $ 4.50 / trade + $ 0.50 / contract

Minimum to open: $ 0; $ 2,000 minimum for margin accounts.

Inactivity fee: $ 0.00

Some other fees. Tender fee: $ 15.00 per request plus interest from settlement date until paid. DTC out: $ 25.00 "per request". ACAT out: $ 50.00.

Maximum margin rate: based on proprietary base rate

LowTrades

Phone: (202) 466-6890, (800) 597-8767

Website: http://www.lowtrades.com/

Products: mutual funds, domestic and foreign stocks, options (no on line orders for funds or international stocks).

Market orders: $ 4.95

Limit orders: $ 4.95

Mutual funds: $ 25.00

Options: $ 4.95 / trade + 0.60 / contract

Minimum to open: $ 500; $ 2,000 for margin account. There is officially no minimum for a cash account, but there is a monthly "trading desk fee" for accounts with less than $ 500 in equity.

Inactivity fee: $ 50 / year, charged twice a year, unless one makes two trades a year, one in each of the 6-month charge periods.

Some other fees. Tender fee: $ 40.00. DTC out: $ 30.00 "per request". ACAT out: $ 50.00.

Maximum margin rate: broker call + 3.00%

TradeKing

Phone: 877.495.5464 (877-495-KING)
Website: https://www.tradeking.com/
Products: stocks, bonds, mutual funds, options
Market orders: $ 4.95, for stocks over $ 2.00
Limit orders: $ 4.95, for stocks over $ 2.00
Mutual funds: $ 14.95 for no-load funds.
Options: $ 4.95 / trade + $ 0.65 / contract
Minimum to open: $ 0. $ 2,000 minimum for margin accounts.
Inactivity fee: $ 0.00
Some other fees. Tender fee: $ 50.00. ACAT out: $ 50.00.

MB Trading

Phone: (866) 628-3001, (310) 647-4281
Website: http://www.mbtrading.com/
Products: stocks, Canadian stocks, futures, options, bonds, mutual funds
Market orders: $ 4.95
Limit orders: $ 4.95
Mutual funds: $ 50.00 for no-load funds
Options: $ 1.00 / contract
Minimum to open: $ 1,000; $ 2,000 for margin account
Inactivity fee: $ 0.00
Some other fees. DTC out: $ 25.00. ACAT out: $ 50.00.
Maximum margin rate: proprietary rate posted on their site.
Was 8.95% on October 27, 2007.

Firstrade

Phone: 1.800.869-8800, 718.961-6600
Website: http://www.firstrade.com/
Products: stocks, options, mutual funds, bonds, CDs
Market orders: $ 6.95
Limit orders: $ 6.95
Mutual funds: $ 9.95 for no-load funds.
Options: $ 6.95 / trade + $ 0.75 / contract
Minimum to open: $ 0
Inactivity fee: $ 0.00
Some other fees. Tender fee: $ 25.00. DTC out: $ 10.00 / security. ACAT out: $ 50.00.
Maximum margin rate: based on proprietary base rate

Wang Investments

Phone: 1.800.353-WANG (9264), +1.212.425-9264
Website: http://www.wangvest.com/
Products: stocks, options, bonds, mutual funds, CDs, money market instruments, foreign stocks.
Market orders: $ 7.00
Limit orders: $ 7.00
Mutual funds: $ 30.00 for no-load funds. NTF funds also available.
Options: $ 17.00 / trade + $ 1.50 / contract, $ 25.00 minimum.
Minimum to open: 0; $ 5,000 for margin account
Inactivity fee: $ 35.00 / year, except for "account values greater than $ 25,000", IRA accounts, and certain "active accounts".
Some other fees. Tender fee: $ 25.00 (also for mandatory reorganizations). ACAT out: $ 50.00.
Maximum margin rate: unknown

Scottrade

Phone: 1.800.619-SAVE (7283)

Website: http://www.scottrade.com/

Products: stocks, options, mutual funds, CDs, munis, Canadian stocks

Market orders: $ 7.00

Limit Orders: $7.00

Mutual funds: $ 17.00. Load funds also incur a $ 17.00 redemption fee. Also has NTF funds.

Options: $ 7.00 / trade + $ 1.25 / contract

Minimum to open: $ 500

Inactivity fee: $ 0.00

Some other fees. Tender fee: $ 25.00.

Maximum margin rate: based on proprietary base rate

Terra Nova Trading

Phone: 800.228.4216, 1.312.827.3663

Website: http://www.terranovatrading.com/

Products: stocks, futures, options, mutual funds, forex, alternative investments

Market orders: $ 7.50

Limit orders: $ 7.50

Mutual funds: unknown, telephone only

Options: $ 1.25 / contract + $ 7.50 / trade

Minimum to open: $ 5,000

Inactivity fee: $ 50.00, "applicable to accounts under $100 [!] in equity and inactive for over 12 months".

282 PARTE IV: *Cómo invertir*

Some other fees. Tender fee: "variable". DTC out: $ 15.00 / stock. ACAT Out: $ 50.00.

Maximum margin rate: broker call + 3.50%

tradeMONSTER

Phone: 1-877-598-3190

Website: https://www.trademonster.com/

Products: stocks, bonds, options, mutual funds

Market orders: $ 7.50

Limit orders: $ 7.50

Mutual funds: $ 15.00 to buy. "No fee to sell"

Options: $ 0.50 / contract, $ 12.50 minimum

Minimum to open: $ 2,000

Inactivity fee: unknown

Some other fees. Tender fee: $ 15.00. ACAT out: $ 50.00.

Maximum margin rate: fed funds rate + 3.25%

Fidelity Investments

Phone: 800.343-3548

Website: https://www.fidelity.com/

Products: stocks, bonds, mutual funds, annuities, insurance, commercial paper, CDs, IPOs, precious metals, managed portfolios

Market orders: $ 7.95

Limit orders: $ 7.95

Mutual funds: $ 0.00 for fidelity funds. $ 75.00 when buying other no-load funds. NTF funds available.

Options: $ 19.95 / trade + $ 0.75 / contract
Minimum to open: $ 2,500
Inactivity fee: unknown
Some other fees. Tender fee: $ 38.00.
Maximum margin rate: based on proprietary base rate. A casual comparison on September 23, 2007, suggested that their margin rates were high. "BrokerageLink accounts are not eligible for margin loans or short sales...".

MyTradz.com
Phone: 1.877-MyTradz (698-7239), 1.419.878-1900
Website: http://www.mytradz.com/
Products: stocks, options, mutual funds
Market orders: $ 7.95
Limit orders: $ 7.95
Mutual funds: $ 30.00
Options: $ 14.95 / trade + $ 1.95 / contract
Minimum to open: $ 200. Margin accounts must maintain a $ 2,000 balance.
Inactivity fee: $ 0.00
Some other fees. Tender fee: $ 10.00. DTC Out: $ 25.00 / security. ACAT out: $ 50.00.
Maximum margin rate: broker call + 3.00%

Cobra Trading
Phone: 1-877-79 COBRA, 715-381-6538
Website: http://www.cobratrading.com/
Products: Stocks, options, forex, commodities futures

Market orders: $ 7.99
Limit orders: $ 7.99
Options: $ 7.99 / trade + $ 1.00 / contract
Minimum to open: $ 2,500. Daytrading accounts require $ 30,000 to open and $ 25,000 minimum.
Inactivity fee: $ 0
Some other fees. ACAT out: $ 50.00.
Maximum margin rate: unknown

Charles Schwab
Phone: 1.866.877-0134
Website: http://www.schwab.com/
Products: stocks, bonds, mutual funds, options, CDs, insurance, annuities, foreign investments
Market orders: $ 8.95
Limit orders: $ 8.95
Mutual funds: $ 49.95. NTF funds available.
Options: $ 8.95 / trade + $ 0.75 / contract
Minimum to open: $ 1,000 for US-based accounts, $ 25,000 or $10,000 for foreign accounts, depending on where held
Inactivity fee: unknown
Some other fees. Tender fee: $ 39.00. DTC out: $ 25.00 "per account". ACAT out: $ 50.00.
Maximum margin rate: based on proprietary base rate

WR Hambrecht and Company
Phone: 1.800.673-6476, 610.725-1150
Website: http://www.wrhambrecht.com/

Products: stocks, bonds, mutual funds, options, IPOs, private equity investments
Market orders: $ 9.00
Limit orders: $ 9.00
Mutual funds: $ 50.00 on no-load funds. NTF funds available.
Options: $ 30.00 / trade + $ 1.75 / contract
Minimum to open: $ 2,000
Inactivity fee: $ 25.00 / year with less than 1 trade per year
Some other fees. DTC out: $ 60.00 "per occurrence". ACAT out: $ 75.00.
Maximum margin rate: broker call + 3.75%

Thinkorswim

Phone: (866) 839-1100, (773) 435-3210
Website: http://www.thinkorswim.com/
Products: stocks, bonds, options, futures, mutual funds, forex (through the desktop platform)
Market orders: $ 9.95 / trade up to 5,000 shares, or $ 0.015 / share
Limit orders: $ 9.95 / trade up to 5,000 shares, or $ 0.015 / share
Mutual funds: $ 0.00, up to 3 trades per calendar month; after that $15.00
Options: $ 9.95 / trade + $ 1.50 / contract, or $ 2.95 / contract, whichever is less
Minimum to open: $ 3,500
Inactivity fee: seems to be $ 0.00.
Some other fees. Tender fee: $ 15.00. ACAT out: $ 50.00.
Maximum margin rate: fed funds rate + 3.25%

TD Ameritrade

Phone: 800-454-9272

Website: http://www.tdameritrade.com/

Products: stocks, bonds, mutual funds, options

Market orders: $ 9.99, + $ 2.00 for paper confirmation if requested

Limit orders: $ 9.99, + $ 2.00 for paper confirmation if requested

Mutual funds: $ 49.99 for no-load funds. Also has NTF funds.

Options: $ 9.99 / trade + $ 0.75 / contract

Minimum to open: $ 0, $ 2,000 for margin account. "Accounts funded with less than $1,000 are not eligible for any promotions. Electronic funding minimum is $ 500".

Inactivity fee: unknown

Some other fees. Tender fee: $ 30.00 (also a $ 20.00 fee for mandatory reorganizations). DTC out: $ 25.00 / security. ACAT out: $ 75.00.

Maximum margin rate: based on proprietary base rate

Trading Direct

Phone: 1.800.925-8566

Website: http://www.tradingdirect.com/

Products: stocks, bonds, mutual funds

Market orders: $ 10.95

Limit orders: $ 10.95

Mutual funds: $ 21.95. NTF funds available.

Options: $ 9.95 / trade + $ 1.00 / contract

Minimum to open: $ 0; $ 2,000 for margin accounts

Inactivity fee: $ 60 on accounts with no trades for that trading year, with exceptions.

Some other fees. Tender fee: $ 30.00. DTC out: $ 20.00 / security. ACAT out: $ 65.00.

Maximum margin rate: broker call + 1.75%

Zions Direct

Phone: 1-800-524-8875

Website: https://www.zionsbank.com/zd_index.jsp

Products: stocks, bonds, options, mutual funds, CDs

Market orders: $ 10.95

Limit orders: $ 10.95

Mutual funds: $ 19.95 for no-load and "Low Load Funds". NTF funds also available.

Options: $ 10.95 / trade + $ 1.50 / contract

Minimum to open: $ 0

Inactivity fee: "$100 per year inactivity fee for accounts with no qualifying transaction or that is not linked to a Zions Bancorp affiliate account".

Some other fees. Tender fee: $ 25.00. DTC out: "$ 25, per position". ACAT out: $ 50.00.

Maximum margin rate: based on proprietary base rate

Investrade Discount Securities

Phone: 1.800.498-7120

Website: http://www.investrade.com/

Products: stocks, options, mutual funds, bonds

Market orders: $ 7.95

Limit orders: $ 11.95

Mutual funds: $ 15.00 for no-load funds.

Options: $ 1.50 / contract, $ 14.95 minimum

Minimum to open: $ 2,000, $ 5,000 for international accounts

Inactivity fee: $ 0.00

Some other fees. Tender fee: $ 25.00 ($ 50.00 "Less than 48 hours"). DTC out: $ 25.00 / security. ACAT out: $ 50.00.

Maximum margin rate: broker call + 1.50%

MarkeTrade

Phone: 1-888-353-6676, 1-415-901-0311

Website: http://www.marketrade.com/

Products: stocks, foreign stocks, bonds, mutual funds, CDs, options, futures

Market orders: $ 9.95

Limit orders: $ 11.95

Mutual funds: $ 25.00

Options: $ 1.50 / contract + $ 10.00 / trade

Minimum to open: $ 200. $ 2,000 for margin accounts.

Inactivity fee: seems to be $ 0.00.

Some other fees. Tender fee: $ 15. DTC out: $ 10.00 / security. ACAT out: $ 50.00.

Maximum margin rate: broker call + 3.00%

Banc of America Investment Services

Phone: 1-800-926-1111

Website: https://www.baisidirect.com/

Products: stocks, options, mutual funds, bonds

Market orders: $ 14.00

Limit orders: $ 14.00

Mutual funds: according to proprietary table, subject to $ 45 minimum per transaction. Also has NTF funds.

Options: $ 19.95 / trade + $ 1.50 / contract

Minimum to open: $ 0

Inactivity fee: $ 50 semi-annual maintenance fee for all accounts, active or inactive, except for certain relationship accounts.

Some other fees. Tender fee: "no charge". DTC out: "no charge". ACAT out: $ 75.00.

Maximum margin rate: "call for current rates...".

AOS, Inc

Phone: 800.569-3330, 312.253-0385

Website: http://www.aosbroker.com/

Products: stocks, options, stock futures

Market orders: $ 0.015 / share ($ 14.50 minimum)

Limit orders: $ 0.015 / share ($ 14.50 minimum)

Options: $ 1.50 / contract ($ 14.50 minimum)

Minimum to open: $ 2,000 (minimum balance)

Inactivity fee: $ 30.00 if no activity in account for 1 year

Some other fees. ACAT out: $ 50.00.

Maximum margin rate: broker call + 2.50%

Muriel Siebert and Co., Inc.

Phone: 1.800.872-0444, 1.800.872-0711

Website: https://www.siebertnet.com/siebert.html

Products: stocks, bonds, mutual funds, options, IPOs

Market orders: $ 14.95
Limit orders: $ 14.95
Mutual funds: $ 35.00 for no-load funds; also has NTF funds
Options: from table, based on option price
Minimum to open: $ 0
Inactivity fee: unknown
Some other fees:
Maximum margin rate: broker call + 2.0%

JetTrade.com

Phone: 1.888.757- JETT
Website: http://www.jettrade.com/
Products: stocks, mutual funds, options, bonds, CDs
Market orders: $ 14.95
Limit orders: $ 14.95
Mutual funds: $ 24.95. Funds which are NTF on purchase also incur a $ 29.00 redemption fee.
Options: $ 20.00 / trade + $ 1.60 / contract ($ 29.00 minimum)
Minimum to open: unknown
Inactivity fee: unknown
Maximum margin rate: unknown

optionsXpress,

Phone: 1.888.280-8020, 312.629-5455
Website: http://www.optionsxpress.com/
Products: options, stocks, bonds, mutual funds, futures.
Market orders: $ 14.95
Limit orders: $ 14.95

Mutual funds: $ 14.95, even on load funds

Options: variable, according to table on site. $ 14.95 / trade minimum

Minimum to open: $ 0, $ 2,000 for margin account

Inactivity fee: $ 0.00

Maximum margin rate: broker call + 4.25%

Placetrade Financial

Phone: 1-800-50-PLACE, 919-719-7200

Website: http://www.placetrade.com/

Products: stocks, options, bonds, mutual funds, IPOs

Market orders: $ 10.95, except for penny stocks

Limit orders: $ 14.95, except for penny stocks

Mutual funds: $ 29.95 for no-load funds. Also has load funds and NTF funds.

Options: $ 1.50 / contract, $ 19.95 minimum

Minimum to open: $ 5,000

Inactivity Fee: $0.00

Some Other Fees. Tender fee: $ 25.00 ($ 50.00 "Less than 48 Hours"). DTC out: $ 50.00 / security. ACAT out: $ 75.00.

Maximum margin rate: broker call + 0.50%.

WallStreet*E

Phone: 888.925-5783, 305.669-3026

Website: http://www.wallstreete.com/

Products: stocks, options, bonds, precious metals

Market orders: $ 14.99

Limit orders: $ 14.99

Options: $ 15.00 / trade + $ 1.25 / contract
Minimum to open: $ 5,000
Inactivity fee: $ 100.00. No details given.
Some other fees. Tender fee: $ 25.00. DTC out: $ 50.00. ACAT
out: $ 150.00.
Maximum margin rate: unknown

Freedom Investments

Phone: 1.800.944-4033
Website: http://www.freedominvestments.com/
Products: stocks, options, bonds
Market orders: $ 15.00
Limit orders: $ 15.00
Options: $ 40.00 / trade + $ 2.00 / contract
Minimum to open: unknown
Inactivity fee: unknown
Some other fees. ACAT Out: $ 75.00.
Maximum margin rate: unknown

Seaport Securities Corp.

Phone: 1-800-SEAPORT, (212) 482-8689
Website: http://www.seaportonline.com/
Products: stocks, options, bonds, mutual funds
Market Orders: $ 14.95. There seems to be a $ 1.00 "postage
and handling" fee in addition.
Limit orders: $ 14.95. There seems to be a $ 1.00 "postage and
handling" fee in addition.
Mutual funds: $ 35 on no-load funds. No NTF funds.

Options: $ 25.00 / trade + $ 2.00 / contract
Minimum to open: $ 0
Inactivity fee: $ 50 / year, if there have been no trades between July 1 and June 30.
Some other fees. Tender fee: $ 25.00. ACAT out: $ 60.00.
Maximum margin rate: broker call + 2.50%

NetVest,
Phone: 1.800.961-1500
Website: http://www.netvest.com/
Products: stocks, options, bonds, mutual funds, IPOs, precious metals, CDs
Market orders: $ 14.00
Limit orders: $ 19.00
Mutual funds: $ 29 for no-load funds.
Options: $ 20 / trade + $1.50 / contract
Minimum to open: unknown
Inactivity fee: $ 50.00 / year. "No inactivity fee will be assessed if there is at least 1 (one) revenue-producing trade during the calander year".
Some other fees. ACAT out: $ 50.00. "Any StockCross account transferring out or closing before year-end will also be charged the $ 30 maintenance fee".
Maximum margin rate: broker call + 0.25%

U.S. Brokerage, Inc.
Phone: 800.25-STOCK, 614.448.3200
Website: http://www.usdb.com/

Products: stocks, options, bonds, mutual funds

Market orders: $ 19.95

Limit orders: $ 19.95

Mutual funds: $ 25.00 for no-load funds. Apparently no NTF funds.

Options: $ 20.00 / trade + $ 2.00 / contract

Minimum to open: $ 2,500

Inactivity fee: $ 50.00 / year if there are no trades for 1 calendar year

Some Other fees. Tender fee: $ 50.00. ACAT out: $ 50.00.

Maximum margin rate: unknown

JH Darbie and Co.

Phone: 800.606-8844, 212.269-7271

Website: http://www.jhdarbie.com/

Products: stocks, bonds, options, mutual funds, CDs, cash management, asset management.

Market orders: $ 14.95

Limit orders: $ 19.95

Mutual funds: $ 25.00 on no-load funds

Options: $ 37.50 minimum, which includes 5 contracts. $2.00 for each additional contract.

Minimum to open: $ 0

Inactivity fee: $ 0

Some other fees. Tender fee: $ 50.00. DTC out: $ 25.00 / security. ACAT out: $ 50.00.

Maximum margin rate: broker call + 2.50%

T. Rowe Price Brokerage

Phone: 1.800.225.5132.

Website: http://www.troweprice.com/

Products: stocks, options, mutual funds, precious metals, bonds, commercial paper

Market orders: $ 19.95

Limit orders: $ 19.95

Mutual funds: $ 35.00, which seems to apply also to load funds. NTF funds available.

Options: according to table, with $ 35.00 minimum

Minimum to open: $ 2,500

Inactivity fee: $ 30.00 / year, subject to several exemptions

Maximum margin rate: "1.75% above the Pershing base lending rate"

WellsTrade

Phone: 1-866-817-7940

Website: https://www.wellsfargo.com/investing/styles/independent/wt/

Products: stocks, bonds, options, mutual funds

Market orders: $ 19.95, up to 1,000 shares, for stocks over $ 1.00 / share

Limit orders: $ 19.95, up to 1,000 shares, for stocks over $ 1.00 / share

Mutual funds: $ 35.00. NTF funds available.

Options: $ 9.95 / trade + $ 1.00 / contract

Minimum to open: $ 1,000

Inactivity fee: $ 15.00 / calendar quarter, unless the account has 2 commissionable trades in the previous 6 months, or $ 20,000 in assets

Some other fees. ACAT out: $ 50.00.

Maximum margin rate: based on proprietary base rate

E*Trade Financial

Phone: 1.800.387-2331, +1.678.624-6210

Website: https://us.etrade.com/

Products: stocks, options, bonds

Market orders: $ 19.99

Limit orders: $ 19.99

Options: $ 19.99 / trade + $ 1.75 / contract

Minimum to open: $ 1,000; $ 2,000 for margin accounts

Inactivity fee: $ 40.00 / quarter, with many exemptions

Some other fees. Tender fee: $ 30.00 (also charges $ 20 for involuntary reorganizations). ACAT out: $ 60.00.

Maximum margin rate: based on proprietary base rate

PNC Investments

Phone: 1 800-762-6111

Website: http://access.pncinvest.com/

Products: stocks, bonds, mutual funds, options, CDs, annuities

Market orders: $ 18.00

Limit orders: $ 20.00

Mutual funds: $ 25.00 for no-load funds. NTF funds available.

Options: $ 25.00 / trade + $ 2.00 / contract

Minimum to open: $ 2,000

Inactivity fee: $ 20.00 / year, unless 1 trade in that year. Exemptions for fee-based accounts, "fundvest position of $10,000 or more", and in many other cases.

Maximum margin rate: broker call + 2.00%

Vanguard Brokerage Services

Phone: 1.800.992-8327

Website: https://personal.vanguard.com/us/home

Products: stocks, options, mutual funds, bonds, CDs, foreign securities, insurance, commercial paper

Market orders: $ 20.00; note promotional price below.

Limit orders: $ 20.00; note promotional price below.

Mutual funds: $ 35.00 for transaction-fee funds. NTF funds available.

Options: $ 30.00 / trade + $ 1.50 / contract

Minimum to open: unknown

Inactivity fee: $ 20.00 / year maintenance fee for regular accounts

Some Other Fees. ACAT out: "vanguard Brokerage Services does not charge fees for incoming or outgoing transfers".

Maximum margin rate: unknown

Wall Street Access

Phone: 800.925-5781

Website: http://www.wsaccess.com/

Products: stocks, bonds, mutual funds, options

Market orders: $ 19.95 + $1.50

Limit orders: $ 19.95 + $ 1.50

Mutual funds: $ 50 for no-load funds + $ 1.50

Options: $ 1.35 / contract ($ 19.95 minimum) + $ 1.50

Minimum to open: unknown

Inactivity fee: unknown

Maximum margin rate: broker call + 2.625

Ameriprise Financial

Phone: 800.AXP-SERV (297-7378)

Website: http://www.ameriprise.com/

Products: stocks, bonds, options, mutual funds, CDs, annuities, cash management services

Market orders: $ 19.95 + $ 4.00 "order handling fee"

Limit orders: $ 19.95 + $4.00 "order handling fee"

Mutual funds: $ 39.95 on no-load funds. NTF funds also available.

Options: $ 40.00 / trade + $ 2.00 / contract (+ $ 4.00 "order handling fee").

Minimum to open: $ 2,000

Inactivity fee: $ 10.00 / quarter unless the account balance is at least $ 25,000.00. There are also other exemptions.

Some other fees. Tender fee: $ 35.00. ACAT out: $ 75.00 (+ $ 50 "Account Closure" fee!).

Maximum margin rate: based on proprietary base rate

Cititrade

Phone: 1.888-663-CITI (2484)

Website: http://www.mycititrade.com/

Products: stocks, bonds, options, mutual funds

Market orders: $ 24.95
Limit orders: $ 24.95
Mutual funds: "$ 29.95 or 20% of principal, whichever is less"
on no-load funds
Options: "$ 29.60 per trade + $ 0.56 / contract + 0.28% of
principal"
Minimum to open: $ 2,000
Inactivity fee: unknown
Some other fees:
Maximum margin rate: broker call + 1.50%

PennTrade
Phone: 800.953-2860, 208.676-0562
Website: http://www.penntrade.com/
Products: stocks, Canadian stocks
Market orders: $ 29.95
Limit orders: $ 29.95
Minimum to open: $ 500
Inactivity fee: $ 35.00 / year, if there are no trades for one year
and less than $ 10,000 cash in the account on Dec. 31.
Some other fees. ACAT out: $ 30.00.
Maximum margin rate: unknown

Merrill Lynch Direct
Phone: (877) ML-Direct (653-4732)
Website: http://www.mldirect.ml.com/
Products: stocks, options, bonds, mutual funds, CDs
Market orders: $ 29.95

Limit orders: $ 29.95

Mutual funds: seems to have no commission even on no-load funds. Also has load funds and NTF funds.

Options: according to table

Minimum to open: $ 2,000

Inactivity fee: $ 25.00 / quarter, unless account has 2 trades in the last six months or meets minimum asset requirements. Some other fees. Tender fee: $ 30.00 ($ 50.00 "Mandatory Exchange Fee").

Maximum margin rate: based on proprietary base rate

Operando:
Invirtiendo en la Bolsa de Valores

Si un hombre puede vaciar su billetera en su cabeza,
nadie le podrá robar nada. La inversión en conocimiento
paga los mejores intereses.

BENJAMIN FRANKLIN,
político, científico e inventor estadounidense

Introducción

Si quieres ser rico no aprendas solamente a saber cómo se gana,
sino también cómo se invierte.
BENJAMIN FRANKLIN

Abrir una cuenta en un corredor de Bolsa es una tarea sencilla, en el proceso puede que tardemos 30 minutos o menos, sólo debemos completar unos formularios en línea y luego enviar algunos documentos personales que nos exigirán antes de activarnos la cuenta. Algunos de estos documentos pueden ser una copia de nuestro pasaporte y una copia del estado de nuestra cuenta bancaria. Para facilitar el aprendizaje de cómo abrir una cuenta en un corredor de Bolsa, abriremos una en el siguiente corredor de Bolsa: http://www.ameritrade.com.

Desde el momento en que nuestra cuenta esté abierta y seamos notificados por el corredor de Bolsa, vía correo electrónico de la activación de la misma, inmediatamente podemos comenzar a invertir en acciones, bonos, fondos mutuos u otro vehículo de inversión de nuestro interés. Si todavía no nos sentimos con la confianza suficiente para hacer inversiones con dinero real, tenemos la opción de hacer las inversiones con dinero imaginario *(paper money)* hasta que desarrollemos la confianza suficiente para utilizar moneda real.

La plataforma **Thinkorswim** nos permite desde la comodidad de nuestro hogar u oficina, utilizando una computadora personal, conectarnos a nuestra cuenta en el corredor de Bolsa y realizar inversiones en acciones de cualquier compañía utilizando **dinero real** o **dinero imaginario**. Esta herramienta es considerada por la mayoría de las publicaciones especializadas en Wall Street como la mejor plataforma para invertir en la Bolsa. A través de esta plataforma, podemos probar sin ningún tipo de riesgo nuestras estrategias de inversión y, de esta forma, podemos medir el retorno de la inversión por cada una de nuestras transacciones.

En este capítulo aprenderemos a instalar y utilizar de manera básica la plataforma Thinkorswim, le enseñaremos paso a paso cómo podemos buscar las cotizaciones de los precios de las acciones, cómo comprar y vender acciones.

La plataforma Thinkorswim es muy completa y amplia. De todos modos, se recomienda, luego de finalizar este capítulo, la lectura de la guía oficial de la plataforma Thinkorswim, que está disponible en la sección de ayuda (*help*). Allí encontrará todas las informaciones sobre las funciones, características y ventajas que nos ofrece esta completísima plataforma de inversión.

También le enseñaremos cómo podemos comprar y vender acciones a través del sistema en línea de nuestro corredor de Bolsa elegido (TD ameritrade). El sistema en línea, nos permite realizar todo tipo de transacciones, además ofrece un sinnúmero de herramientas para mejorar nuestras habilidades de inversión, como tomar cursos en línea sobre los diferentes vehículos de inversión como los bonos y las opciones. La ventaja del sistema en línea es su disponibilidad desde cualquier lugar utilizando sólo un navegador de Internet, sin la necesidad de instalar ningún tipo de software en la computadora.

La desventaja, en comparación con la plataforma Thinkor-swim, es que no podemos ver las cotizaciones de las acciones, las noticias que afectan las compañías y otras informaciones interesantes en tiempo real.

¿Cómo abrir una cuenta en un corredor de Bolsa?

Antes de comenzar a realizar nuestras primeras inversiones en la Bolsa, debemos abrir una cuenta en un corredor. Al momento de seleccionarlo, debemos tener en cuenta algunos aspectos importantes como son los costos por comisión en que incurriremos por cada transacción, el depósito mínimo necesario para la apertura de la cuenta, los servicios adicionales que ofrece, la documentación a la que podamos tener acceso, los entrenamientos disponibles, las herramientas de inversiones, entre otros.

Para explicar el procedimiento de apertura de una cuenta utilizaremos como ejemplo la empresa **TD Ameritrade**. Podemos acceder a través de la dirección de Internet http://www.tdameritrade.com. Este corredor de Bolsa es uno de los mejores que existen en el mercado ya que ofrece a sus clientes un sinnúmero de ventajas entre las cuales podemos citar:

- El costo por comisión es de 9.99 dólares
- No tiene costos ocultos. El único costo para los clientes son las comisiones por transacciones.
- A través de su sistema podemos tener acceso a informaciones de proveedores independientes sobre análisis de mercados.
- La interface del sistema es muy intuitiva, simple y fácil de usar.

Con el fin de explicar el proceso de apertura de una cuenta lo más simple posible, vamos a dividir el proceso en dos fases. En la fase número uno debemos llenar unos formularios a través de la página del corredor de Bolsa, donde nos requerirán ciertas informaciones de tipo personal y financiera.

Al completar todo el proceso, entraremos a la fase número dos, que consiste en imprimir, completar, firmar y enviar físicamente una serie de documentos obligatorios como son copia del pasaporte, copia de la aplicación en línea firmada, el formulario W-8BEN, entre otros. El proceso se termina única y exclusivamente al completar la fase dos, cuando el corredor de Bolsa nos recibe todos los documentos requeridos. El corredor TD Ameritrade se toma de uno a tres días laborables para la verificación de toda la información suministrada, luego se nos notificará por la vía seleccionada en el formulario en línea (normalmente vía correo electrónico) si nuestra aplicación fue aceptada o declinada. Es importante saber que el corredor de Bolsa se reserva el derecho de decidir si acepta o no la solicitud del cliente para la apertura de una cuenta.

A continuación explicaremos en detalle los pasos necesarios para poder abrir una cuenta de inversiones en la Bolsa de Valores de los Estados Unidos a través del corredor TD Ameritrade.

Por favor encienda su computador y abra su navegador de Internet favorito. Para nuestro ejemplo, utilizamos una computadora personal IBM PC Compatible con sistema operativo Windows XP, conexión a Internet de banda ancha y navegador Firefox versión 3.6.4.

Escriba en su navegador de Internet la siguiente dirección http://www.ameritrade.com. Al momento de entrar a la página, haga clic en el botón ubicado en la parte superior izquierda de la pantalla que dice **open an account**.

La siguiente imagen le muestra en un círculo rojo la posición donde se encuentra la opción deseada.

Al momento de hacer clic en el botón **open an account**, el sistema nos conducirá a la siguiente página.

En esta página debemos seleccionar el tipo de cuenta que vamos a utilizar para invertir. Este corredor de Bolsa nos brinda la posibilidad de escoger entre tres tipos de cuentas. A continuación explicaremos el significado de cada una de estas opciones.

- **Individual**, la cuenta individual pertenece a un solo dueño. Sólo la persona que abrió la cuenta tiene autorización para disponer de los fondos depositados.

- **Join**, estas cuentas pueden ser utilizadas por dos o más personas. Los usuarios registrados bajo esta cuenta tienen los mismos derechos de acceso, como así también el acceso al retiro de los fondos depositados.

- (IRA) **Individual Retirement Account**, las cuentas IRA son cuentas especiales donde los trabajadores en los Estados Unidos depositan una parte de su salario mensualmente para formar un fondo de retiro. Este tipo de cuenta tiene ciertas ventajas fiscales ofrecidas por el Gobierno de los Estados Unidos. El tipo de cuenta IRA permite a las personas utilizar el dinero depositado en su fondo de retiro para realizar inversiones en la Bolsa. Estas cuentas están sujetas a ciertas regulaciones por parte de la SEC para evitar que las personas coloquen sus fondos de retiro en ciertos vehículos de inversión que se consideran complejos y de alto riesgos (las opciones, los derivados, los contratos a futuros y otros más) para los inversores no profesionales.

Arrastremos el ratón y seleccionemos la opción **Individual**, luego debemos hacer clic en el botón Next, ubicado en la parte inferior de la pantalla, a continuación el sistema nos conducirá hacia las demás opciones.

En esta página el sistema nos muestra cuatro opciones para elegir sobre el perfil que tendrá nuestra cuenta. Podemos elegir entre abrir una cuenta tipo Cash, Cash & Margin, Cash & Option, Cash, Margin & Option. A continuación explicaremos cada uno de los perfiles.

- Cash, es el más común y popular. Este perfil representa una cuenta en efectivo (*cash account*). En esta cuenta depositamos el dinero destinado a ser invertido, con ella podemos comprar acciones, bonos y fondos mutuos. Con el uso de esta cuenta sólo tenemos el poder de compra equivalente a la cantidad de efectivo que le depositemos. A simple vista parece ser lo normal, pero como aprenderemos más adelante existen otras opciones que nos brindan mayor poder de compra, ya que podemos utilizar el dinero de nuestro corredor de Bolsa para realizar transacciones.

- Cash & option, este perfil tiene las mismas características que la cuenta cash con excepción de que podemos comprar contratos de opciones llamados **Put** y **Calls**. Este tipo de perfil está sujeto a ciertas restricciones, por lo tanto, debemos requerir una autorización de parte del corredor de Bolsa antes de poder utilizarlas.

- Cash & Margin: este perfil tiene las mismas características que la cuenta cash, pero adicionalmente, podemos tomar dinero prestado del corredor de Bolsa para comprar acciones. Esto ayuda en nuestras inversiones, ya que podemos hacer operaciones con más dinero del que disponemos en efectivo en nuestra cuenta. Las cuentas con margen cobran intereses, pero es menor a la tasa de interés de los bancos comerciales. Las cuentas margen están reguladas, no todas las acciones pueden ser compradas con este tipo de cuentas.

– Cash & Margin & Option: este perfil de cuenta tiene las características de la cuenta cash, margen y opciones.

A continuación seleccionamos la opción **cash**, luego el sistema nos exigirá la selección del cuadro ubicado más abajo. Al seleccionarlo, estamos aceptando las políticas de privacidad de la compañía. Para finalizar con esta pantalla, hacemos clic sobre el botón **next** para continuar con el proceso.

En esta página debemos introducir nuestros datos personales, tales como, nombre, apellido, dirección, ciudad y país de residencia. En la opción **country**, el sistema nos mostrará un listado de países preseleccionados. Si el nuestro no aparece en la lista, significa que el corredor de Bolsa no acepta peticiones de apertura de cuentas provenientes de dicho Estado. Por lo tanto, deberemos utilizar otro corredor.

Cada corredor de Bolsa tiene sus propias políticas en cuanto a los ciudadanos de los países que aceptan solicitudes de cuentas.

☐My mailing address is different from the street address. What is the difference?

Primary Phone Number *
( ) Ext.
example: (XXX)XXX-XXXX

Email Address *

Secondary Phone Number
( ) Ext.

Confirm Email Address *

Fax Number
( )

Marital Status *
Select...

Mother's Maiden Name *

Last Name Only

Date of Birth *
MM DD YYYY
example: MM-DD-YYYY

U.S. Social Security Number / ITIN *

example: XXX-XX-XXXX

Citizenship Status What does this mean?

◉ I am a U.S. Citizen or Permanent Resident
○ I am a citizen of DOMINICAN REPUBLIC
My Visa Type is: Select...

Document Delivery Preferences

Statements *

◉ Monthly Electronic
○ Monthly Paper (32 fee may apply)
○ Quarterly Paper (32 fee)

Trade Confirmations *

◉ Electronic
○ Paper (32 fee)

☑ Unless I have unchecked this box, TD AMERITRADE will provide my name to corporations whose securities I hold in my account for the purpose of additional corporate communications.

En la opción **U.S Social Security Number / ITIN** debemos introducir nuestro número de seguridad social en caso de que seamos residentes o ciudadanos en los Estados Unidos; en caso contrario, hay que llenar este campo con una serie de "unos", de la siguiente forma 111-11-1111. Este campo es obligatorio en el formulario, no podemos dejarlo sin contestar.

En el campo **Citizenship Status,** debemos seleccionar nuestra ciudadanía y especificar el tipo de visa que tenemos. Si no se cuenta con visa estadounidense, debemos seleccionar la opción **none.**

Por último, debemos escoger entre las opciones de más abajo referente a la recepción de los estados financieros y el formato. Para continuar con el proceso hay que hacer clic sobre la opción **next.**

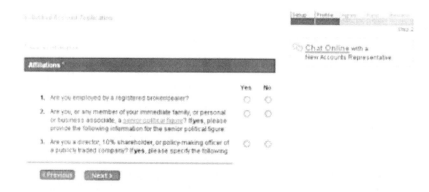

En esta página, el sistema requiere que le contestemos tres preguntas.

Para continuar con el proceso debemos hacer clic sobre la opción **next.**

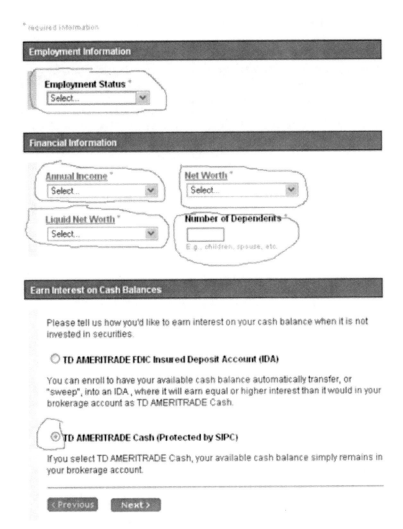

En la siguiente página, el sistema requerirá ciertas informaciones relacionadas a los ingresos que percibimos anualmente y nuestro estatus laboral. Luego de contestar las preguntas, se debe seleccionar la siguiente opción **TD AMERITRADE Cash (Protected by SIPC)** de la sección earn interest on cash balance.

Para continuar con el proceso debemos hacer clic sobre el botón **next**.

Your Account Access Information

Create your Online User ID and Password.
Please be sure to remember it or write it down and keep it in a secure location.
You are responsible for all orders placed in your account.
User ID

Must be 8-15 characters, using both letters and numbers (at least one of each) and no special characters.
Password

Must be 7-15 characters, using both letters and numbers (at least one of each) and no special characters.
Confirm Password

Please create a PIN for access by touch-tone telephone.
Must be four numbers and cannot begin with 0.
PIN   **Confirm PIN**

Next >

En esta página el sistema requerirá que seleccionemos un nombre de usuario y contraseña para poder entrar al sistema posteriormente.

En el campo **User ID** hay que introducir el nombre de usuario que utilizaremos, en el campo **Password** la contraseña, mientras que en el campo de **Confirm Password** se debe introducir la contraseña nuevamente. De esta forma el sistema nos asegurará de que no se introduzca una contraseña incorrecta.

Por último, hay que insertar un número de pin en el campo **PIN** y **Confirm PIN**. Esto lo utilizaremos en caso que necesitemos utilizar el sistema IVR para acceder a nuestra cuenta. Para continuar con el proceso, hacemos clic sobre el botón **next**.

Document Review and Client Agreement

Print this page

Print or save the important documents listed below for future reference. The documents below require 📄 Adobe Reader to download and view.

📄 Getting Started Guide (223KB)
📄 Account Handbook (146KB)
📄 Business Continuity Plan (69KB)
📄 Summary of Cash Balances (24.05KB)

☑ **I accept electronic delivery.** I verify that I have read, printed and/or saved the documents provided on this page and I don't need them to be mailed to me.

For your convenience, these documents can also be found when you log on to your account (in the **Forms & Agreements** section under the **Client Services** menu.)

Client Agreement

You cannot complete your application without agreeing to the Client Agreement.

📄 Client Agreement (146KB)

By clicking "I Agree" below and by applying for a TD AMERITRADE brokerage account, you are accepting and agreeing to abide by all of the Client Agreement. If you do not agree with the Client Agreement or find any part of it unacceptable, simply discontinue the application process at this time.

I have read the TD AMERITRADE Client Agreement and agree with its terms.

I Agree >
Pressing "I Agree" will take you to the next page in your application.

En esta página solo debemos hacer clic en el botón **I agree**, que se encuentra al final de la página. De esta forma se aceptan los términos de uso y políticas de privacidad de la compañía.

Fund your account

You are almost finished!

Choose how you will initially add money to your account from the list below.

Once you complete this step, you will be taken to a page where you can print out your application and any additional documents. You can then log on to your new account.

Available Funding Methods

Mail a Check
Mail a personal check made payable to TD AMERITRADE. Please allow 2-3 business days after receipt for funds to post. Learn more

`Select ›`

Transfer from another Brokerage firm
Initiate a transfer of funds or assets from another brokerage account. Transfer time frames differ depending upon type of transfer and firm you are transferring from.

`Select ›`

Transfer from a TD AMERITRADE account
Initiate a transfer of funds or assets from another TD AMERITRADE account. Please allow 2 business days after receipt for cash to post, and 5 business days for securities and cash. Recent deposits or trading activity, including open orders, may delay the transfer process.

`Select ›`

Wire Transfer
Contact your bank to arrange for a direct transfer of funds. Please allow 1 business day for funds to post. Learn more

`Select ›`

Por último, en esta página debemos seleccionar el método que utilizaremos para transferir nuestros fondos de inversión hacia nuestra cuenta en el corredor de Bolsa. Seleccionando la opción wire transfer, podemos transferirnos los fondos desde nuestra cuenta de ahorro, de cualquier banco, hacia nuestra cuenta en el corredor de Bolsa.

Hacemos clic sobre el botón select, en sección wire transfer, luego continuamos con el proceso haciendo clic en el botón next. A continuación, el sistema nos muestra en pantalla los resultados del proceso de aplicación en línea. Debemos imprimir esta página y firmarla, ya que luego en la fase número dos del proceso vamos a tener que enviarla a nuestro corredor de Bolsa. Con este paso finalizamos la fase número uno del proceso de apertura.

Luego de finalizar la fase número uno, debemos de inmediato continuar con la fase número dos, en la que hay que ejecutar las siguientes tareas:

Si somos ciudadanos o residentes de los Estados Unidos se debe enviar las siguientes informaciones al corredor de Bolsa TD AMERITRADE:

- La aplicación en línea firmada

- Número de seguridad social

- Nombre y dirección de nuestro empleador

- Referencias bancarias

En el caso de que **no seamos ciudadanos o residentes** de los Estados Unidos debemos llenar y enviar los siguientes documentos:

- Formulario W8BEN

- Copia de pasaporte

- Estado bancario de nuestra cuenta de ahorro

- Copia de la aplicación firmada

El formulario W8BEN se puede descargar de la página de TD Ameritrade o bien se puede solicitar vía correo electrónico.

Es obligatorio el envío del formulario W8BEN en formato original e impreso. En el caso del corredor de Bolsa TD Ameritrade los documentos deberán ser enviados a la siguiente dirección en los Estados Unidos:

Mailing Address: TD AMERITRADE, Inc.
PO Box 2760
Omaha, NE 68103-2760
Phone: 800-276-8746

La copia del pasaporte la podemos enviar a través de nuestro correo electrónico junto con el estado bancario de la cuenta de ahorros. Es importante tener en cuenta que ese estado debe estar en inglés. En caso de que el banco no proporcione el documento en ese idioma, se debe hacer una traducción legalizada, ya que sólo así será aceptado por la compañía.

Con el envío de todos los documentos requeridos en la fase dos, sólo debemos sentarnos a esperar la confirmación de parte de nuestro corredor de Bolsa de que todo está en orden. A partir de ese momento se ha completado el proceso. El siguiente paso es transferir los fondos de nuestra cuenta bancaria hacia nuestra cuenta en el corredor de Bolsa.

Antes de realizar la transferencia de los fondos, debemos solicitar al corredor de Bolsa la información necesaria del sistema SWIFT para que nuestro banco local pueda hacer la transferencia de los fondos correctamente a la cuenta en el corredor de Bolsa. A partir de este punto, estamos listos para hacer nuestras primeras inversiones en la Bolsa de Valores de los Estados Unidos.

Invirtiendo con dinero imaginario

Thinkorswim es una plataforma que nos permite invertir en tiempo real en la Bolsa de Valores desde nuestra computadora personal en casa. La plataforma está disponible para todos los clientes de TD Ameritrade. A este programa se le puede descargar desde la cuenta recientemente abierta o, si todavía no disponemos de una, de la siguiente dirección de Internet: http://www.thinkorswim.com.

En esa página se puede abrir una cuenta (de hecho, es propiedad de TD Ameritrade). Luego se descarga el programa, se instala en nuestra computadora y, de inmediato, se comienza a invertir en acciones y otros activos financieros utilizando **dinero imaginario** antes de comenzar a invertir con dinero real.

Al momento de correr el programa en nuestra computadora se verá el siguiente cuadro en el que se puede elegir si acceder a la cuenta en el corredor de Bolsa, utilizando **dinero real** (*real money*) o **dinero imaginario** (*paper money*). En nuestro ejemplo, haremos clic en el botón **paper money**. Luego debemos introducir nombre de usuario y contraseña para validar las credenciales en el sistema y comenzar a utilizar la plataforma.

Al momento de que estemos validados en el sistema, se podrá comenzar a invertir en Bolsa con dinero imaginario. En la siguiente figura se puede ver la pantalla de inicio de la plataforma.

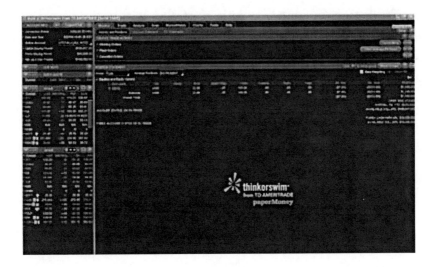

La organización de la pantalla está dividida en dos secciones.

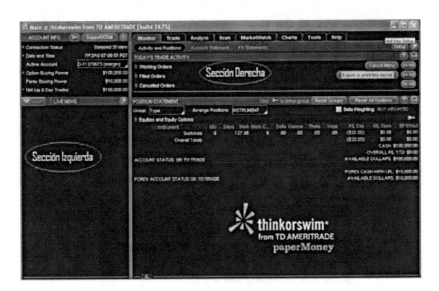

En la sección izquierda de la pantalla están las informaciones relacionadas con diferentes cuentas que se dispone para invertir. Además se presentan noticias financieras provenientes de las diferentes cadenas de noticias, como por ejemplo CNBC.

Como se puede ver en la imagen, en la parte superior de la sección izquierda está el **connection status**, durante el tiempo que se esté conectado al sistema en modo **paper money**, las informaciones que se muestran en la pantalla (precios de las acciones, noticias, comentarios, etcétera) tienen un retardo de 20 minutos. Por el contrario, cuando se utilice el sistema en modo **real money** las informaciones serán recibidas en tiempo real.

Adicionalmente al estatus de la conexión se puede verificar la hora y fecha del día, además de todas nuestras cuentas activas disponibles para invertir en el corredor de Bolsa, como se muestra en la siguiente figura.

Se puede apreciar que el sistema por defecto proporciona una cuenta **margen** (*margin account*), lo que da la opción de tomar dinero prestado del corredor de Bolsa.

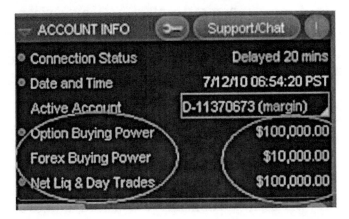

Podemos ver también que se dispone de un monto de 100,000 unidades monetarias para comprar acciones y contratos de opciones. Si queremos especular en el mercado de divisas forex, disponemos de un total de **10,000 unidades** monetarias para este tipo de transacciones.

En la sección derecha de la pantalla, el sistema muestra el menú principal donde se puede escoger entre las diferentes opciones.

- *Monitor*, en esa sección se puede ver el movimiento histórico de todas nuestras transacciones en la Bolsa.

- *Trade*, en esta sección se realizan todas las transacciones de compra y venta de acciones, opciones y futuros.

- *Analyze*, en esta sección hay disponible un conjunto de herramientas para el análisis técnico (gráficas, osciladores, indicares y demás).

- *MarketWatch*, en esta sección se puede seguir de cerca el precio de las acciones de las compañías que interesan. Esta herramienta da la opción de activar alarmas en los momentos que las acciones se cotizan a determinados precios. Luego de manera automática, a través del sistema, se pueden ejecutar las órdenes de compra y venta. A través de esta plataforma se permite usar un gran número de órdenes avanzadas para mejorar las estrategias de compra y venta de activos financieros.

- *Charts*, en esta sección se puede generar cualquier tipo de gráfica para representar el comportamiento de las acciones.

- *Tools*, en esta sección posibilita utilizar diversas herramientas relacionadas con la plataforma Thinkorswim.

- *Help*, en esta sección podemos encontrar todo tipo de ayuda respecto a la plataforma, además de seminarios, demo sobre el uso de la plataforma, manuales operativos, etcétera.

Para comenzar comprar acciones debemos arrastrar el ratón hacia el botón **Trade**, ubicado en el menú superior de la pantalla como se muestra en la figura a continuación.

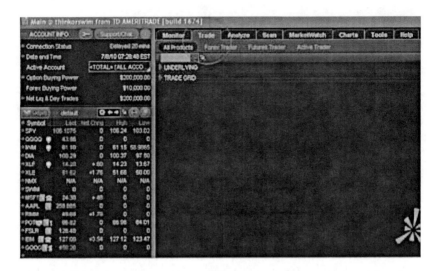

En el campo en blanco se introduce el símbolo que identifica a la compañía de la que nos interesa comprar sus acciones. Luego, presionamos la tecla enter. En nuestro ejemplo vamos a comprar acciones de la compañía International Business Machine (IBM).

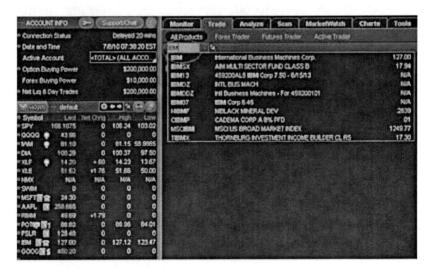

A continuación podemos verificar que el sistema nos muestra el precio de las acciones de IBM.

El número dentro del círculo es el precio al que cotizan las acciones de IBM: 127.09 dólares por acción. En esta misma pantalla podemos ver otros datos como son:

- *Last X*, el último precio en que se ha cotizado la acción. La letra al lado del precio indica la Bolsa de Valores donde están las acciones de dicha compañía.

- *Net Chng*, campo que representa la variación en término porcentual que ha tenido el precio de la acción, en relación al precio de cierre de la jornada anterior.

- *Bid X*, número que representa el último precio que los compradores están dispuestos a pagar por las acciones.

- *Ask X*, número que representa el último precio que los vendedores están dispuestos a vender.

- *Volumen*, cantidad de acciones que han sido negociadas durante la jornada.

- *Open*, precio que tuvo la acción en la apertura de la jornada.

- *High* es el precio más alto que se ha cotizado la acción durante la jornada.

– *Low*, contrariamente, es el precio más bajo en que ha cotizado la acción durante la jornada.

A continuación vamos a comprar 100 acciones de la empresa IBM al precio de mercado. Para esto hay que colocar el ratón sobre cualquiera de los campos antes descriptos. Si se presiona el botón **derecho del ratón**, el sistema muestra un nuevo menú de opciones. Luego, se escoge la opción **buy** (comprar).

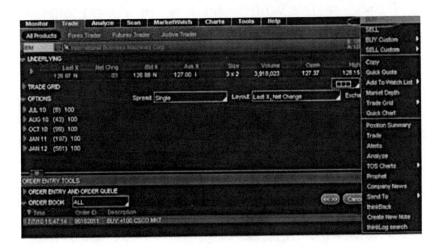

Al escoger la opción **buy**, el sistema muestra una pantalla donde se puede escoger entre un grupo de opciones para ejecutar la orden.

En este menú hay que especificarle al sistema en la columna Qty la cantidad de acciones por comprar. En nuestro caso, vamos a adquirir 100 acciones.

La columna **symbol** especifica el símbolo de la compañía que representan las acciones por comprar. En la columna order especificamos el tipo de orden a ejecutar; en nuestro caso, la orden será **limit order**.

Después se debe verificar que todas las informaciones en pantalla estén correctamente. Una vez hecho, hay que hacer clic sobre el botón **confirm and send**, para que la orden de compra sea inmediatamente ejecutada por el corredor de Bolsa.

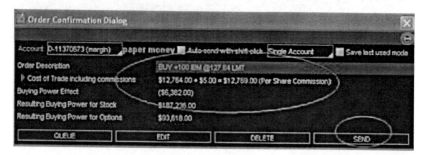

Por último, el sistema muestra una ventana confirmando los datos de la orden antes de ser ejecutada. Como se puede ver, el sistema especifica el costo total de nuestra orden más el **costo por comisión** (5.00 dólares). Al presionar el botón send, la orden será ejecutada definitivamente.

¿Cómo comprar y vender acciones con dinero real?

Para comprar acciones con dinero real utilizaremos el sistema web de nuestro corredor de Bolsa http://www.ameritrade.com. A través de éste, podemos comprar y vender acciones de igual manera que a través del sistema thinkorswim. Cualquiera sea el sistema usado, tendremos los mismos resultados.

Ahora, compraremos 100 acciones de la compañía McDonald's, a través del portal web de TD Ameritrade.

Tras ingresar a http://www.ameritrade.com, se debe escribir el nombre de usuario y la contraseña para validarnos antes de acceder a la cuenta de inversión.

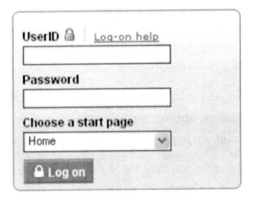

Al momento de entrar al sistema, se verá en la parte izquierda de la pantalla un cuadro como el siguiente:

Account Balances

Cash balance

Avail. funds for trading

Avail. for withdrawal

Non-marginable funds

Account value

El cuadro muestra el balance de la cuenta, es decir, la cantidad de dinero que tenemos a disposición para invertir.

En la parte superior de la pantalla están las diferentes opciones del sistema. Ahora debemos mover el ratón y hacer clic sobre la opción **trade**. Luego, el sistema mostrará un submenú donde hay que escoger la opción **stocks**.

Al momento de pulsar el ratón en la opción **stocks**, el sistema muestra el siguiente formulario en el que deben introducirse los datos concernientes para ejecutar nuestra orden.

Para colocar la orden, debemos seguir los siguientes pasos:

1. Seleccionamos la opción **buy** para comprar acciones o la opción **sell** para venderlas.

2. Introducimos la cantidad de acciones a comprar o vender en la opción **quantity**. En nuestro caso vamos a comprar 100 acciones de la compañía McDonald's.

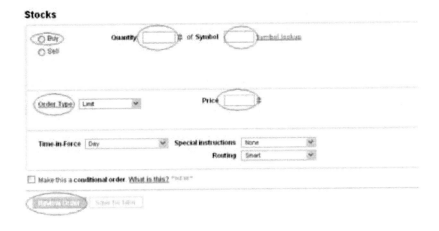

3. Introducimos el símbolo de la empresa. En este caso, es **MCD**.

4. Debemos especificar el tipo de orden a ejecutar. En nuestro caso la orden será del tipo **market order**.

5. Por último, presionamos el botón **review order**.

Al momento de hacer clic en el botón **review order**, el sistema mostrará la siguiente pantalla.

Review your order

You have 90 seconds to place your order.
(You can edit this time limit in My Profile)

Buy 100 shares of **MCD (MCDONALDS CORP COM)**

Last: 69.02, Bid: 68.86, Ask: 69.22, Bid/Ask size: 100X100
Real Time Quote Provided by NYSE @ 4:25:56 PM EDT

Market

Time-in-Force:	**Day**
Routing:	**SMART**
Sp. Instructions:	**None**
Estimated Total*:	**$ 6,922.00**

Place order | Change order | Do not place order

Si todos los datos mostrados en la pantalla son los correctos, presionamos el botón **place order**. De inmediato, nuestro corredor de Bolsa ejecuta nuestra orden de compra. El mismo procedimiento se aplica para vender acciones de nuestro portafolio. Como pudimos apreciar, el procedimiento para comprar y vender acciones a través del sistema de TD Ameritrade es simple y rápido.

ACERCA DEL AUTOR

Eugenio Duarte estudió la carrera de Ingeniería en Sistemas y Computación en la Universidad APEC. Al finalizar sus estudios, comenzó a trabajar en empresas de tecnología de la información en los sectores de televisión por cable, Internet y telefonía sobre IP, donde se especializó en los campos de redes de datos, telefonía IP y seguridad de la información. Obtuvo las certificaciones de la industria CCNA, CCNP, CCDA, CCNA VOICE, CCNA SECURITY, entre otras.

En la actualidad, es empresario e inversor profesional, fundador de varias empresas en el sector de tecnología de la información. Se desempeña como director de proyectos y desarrollador de nuevos productos en la empresa CAPACITY SRL, de la que es cofundador.

Eugenio presenta la idea de que, a través de los negocios y las inversiones, podemos desarrollar las herramientas para llevar un estilo de vida ideal, sin límites, dinámico, acorde a nuestros propios términos, donde tengamos el control de nuestras vidas, podamos elegir dónde, cuándo, cómo y con quién hacer todas las cosas que realmente queremos hacer y nos llenan de satisfacción.

Cuando no está envuelto en nuevos proyectos, viaja por el mundo, practica deportes, disfruta con sus amigos de las hermosas playas y de la buena comida en su país.

Actualmente, vive con su esposa Cheryl en la ciudad de Santo Domingo.

Agradecimientos

Naturalmente, este libro no hubiese sido posible sin el apoyo de mi esposa y de mi familia. Ellos me han proporcionando un ambiente adecuado para que las ideas pudieran fluir en mi cabeza a cualquier hora del día y de la noche.

No puedo dejar de agradecer a mi amigo Joel Valdez y a todo el personal de CAPACITY, sin su apoyo este libro no se hubiese hecho realidad.

AVISO LEGAL Y DESCARGO DE RESPONSABILIDAD

Este libro está escrito con la finalidad de proporcionar información sobre cómo invertir en la Bolsa de Valores de los Estados Unidos desde cualquier país. Es vendido bajo el entendimiento de que ni el autor ni el editor son corredores de Bolsa, bancos de inversión, consejeros de inversión, no tienen ninguna relación con las empresas mencionadas en el libro ni tampoco proporcionan ningún tipo de servicios profesionales relacionados con las inversiones bursátiles. En caso de requerir asistencia, se recomienda la contratación de un profesional competente.

El contenido plasmado no pretende ser sustituto de todos los libros disponibles sobre el tema, sino que busca ser un material complementario de otros textos. Se recomienda al lector revisar todos los libros disponibles relacionados para ampliar sus conocimientos.

La inversión en Bolsa no es un método para convertirse en millonario de la noche a la mañana, cualquiera que decida invertir en la Bolsa de Valores de los Estados Unidos debe dedicar suficiente tiempo y esfuerzo para la selección de buenas inversiones, aun así los resultados no están garantizados. Sin embargo, muchas personas han convertido la actividad de inversión en Bolsa en un negocio muy lucrativo.

Todos los esfuerzos se han realizado para que este libro sea lo más completo posible. A pesar de todo, puede contener errores tanto tipográficos como de contenido. Debe ser usado como una guía general, no como la única fuente de información sobre inversiones en la Bolsa. Las informaciones que se encuentran aquí están actualizadas hasta el momento de su publicación.

El propósito de este libro es educar. El autor y el editor no tienen ninguna responsabilidad con ninguna persona o entidad respecto a los daños o pérdidas alegadas, directa o indirectamente, que puedan producirse partir de las informaciones aquí contenidas. Todos los nombres, marcas, gráficos e imágenes mencionados y plasmados son propiedad de sus respectivos dueños.

Si no está de acuerdo con las declaraciones anteriores, puede devolver el libro y su dinero será reembolsado.

CPSIA information can be obtained at www.ICGtesting.com
Printed in the USA
LVOW070341290113

317573LV00031B/1633/P